딜던

금융위기 앞에 선 뱅커

딜던

DEAL

금융위기 앞에 선 뱅커

강창훈

DONE

일조각

딜던 Deal Done

채권 딜러들은 상대방과 거래를 한 후

'딜던'을 외치고 거래 성립을 확정한다.

항상 사용하는 말이고 가장 두려운 말이다.

이 이야기는 국제금융시장에서 있었던

많은 결정과 그 결과에 대한 기록이다.

머리말

잔인한 금융의 시간이 왔다.

* * *

2020년 코로나 바이러스는 모든 것을 집어삼켰다. 전 세계가 사상 초유의 주식시장 폭락을 경험하였지만 인명 피해가 속출하는 절박한 상황에서 금융의 위치는 미미하게 느껴질 정도이다. 그러나 이러한 상황에서도 시장은 존재하고 움직이고 있다.

대한민국에 잔인한 금융의 시간은 이번이 처음이 아니다. 1997년 아시아 외환위기, 2008년 글로벌 금융위기 등 크고 작은 사건들은 금융을 시험에 들게 하였다. 세상이 끝난 것 같은 절망감 속에서 대한민국 금융은 포기하지 않고 일어섰다. 극복의 추억을 가지고 있는 것이다. 그리고 지금은 극복의 추억이 필요하다.

국제금융시장에서 대한민국의 발자취는 극복 그 자체이다. 과거 1960~70년대 수많은 노동자들이 해외에서 피땀을 흘려 가며 벌어 온 소중한 달러가 국가 발전의 밑거름이 되었지만, 1997년에는 달러가 부족하여 경제주권을 남에게 넘겨줘야 했다. 2008년에는 미국의 혼란으로 한국은 덩달아 달러 유동성이 고갈되는 위기를 맞기도 했다.

* * *

　이제 대한민국은 글로벌 투자국가의 반열에 올라 있다. 미국 뉴저지의 발전소, 독일 프랑크푸르트의 오피스빌딩, 호주 시드니의 인근 고속도로, 스페인 바르셀로나의 물류센터. 모두 한국의 기관 또는 개인투자자들이 실제로 투자하고 있는 전 세계의 물건들이다. 실로 감격스러운 일이다. 그리고 앞으로 한국 금융에서 글로벌 시장은 더욱 의미를 가지게 될 것이다. 고착화되어 가는 저금리와 금융자본의 축적으로 투자자들은 더 넓은 시장으로 나아가지 않을 수 없기 때문이다. 이제 국제금융은 더 이상 금융기관의 소수 직원들이 종사하는 특수한 분야가 아니다. 기관은 물론이고 개인 투자자들도 일정 규모의 해외자산을 가지고 있고, 하루하루 환율 변동과 국제정세에 따라 자산가치가 춤을 추고 있다. 또한 국제금융시장에서 대한민국의 위상이 높아진 만큼 리스크도 커지면서 잔인한 금융의 시간은 더욱 잔인해질 수 있게 되었다.

　2020년 3월 코로나 바이러스가 본격화되자 모든 금융자산은 바람 앞의 촛불처럼 흔들렸지만 달러의 위상은 크게 변하지 않았다. 잔인한 금융의 시간에 달러 중심의 국제금융질서는 더욱 처절하게 느껴지는 것이다. 이러한 상황에서 우리는 국제금융시장에 대해 다시 한 번 생각해 보아야 한다. '왜 이러한 질서가 형성되었는가?' '이 시장은 어떻게 작동하는가?' '과거에 겪은 고통에서 어떤 교훈을 기억해야 하는가?' '진정한 글로벌 비즈니스는 어떻게 추구해야 하는가?' '주변국의 전략은 무엇인가?' 그밖에도 고려할 범위는 넓다. 극복의 추억을 되살리고 현실을 냉정하게 파악하여 이 잔인한 금융의 시간을 이겨내야 한다. 이것이 필자가 책을 쓰게 된 이유이다.

* * *

1988년, 국제결제은행Bank International Settlement(이하 BIS)이 자기자본규제를 도입함으로써 국제금융시장의 판도를 흔들어 놓을 때 필자는 이 시장에 입문하였다. 그 이후 벌어진 국제금융시장과 한국 금융시장의 파란만장한 변화가 필자의 인생을 만들어 갔다. 1997년 아시아 외환위기, 2008년 글로벌 금융위기를 최전선에서 맞이하였고, 2016년 이후 국제금리의 대세 상승과 급락을 맞아 밤잠을 설쳐야 했다. 그리고 외환위기 이후 대대적인 금융기관 구조조정, 매각, 합병 등 온갖 풍파를 몸으로 겪어야 했다. 이러한 과정에서 필자의 머릿속에서 반복된 질문은 국제금융시장의 주변국가 국민으로서 어떻게 해야 살아남을 수 있을까였다. 그리고 그 답을 얻기 위해 다양한 시도와 도전을 해 보았다. 실패를 수용하기 힘든 한국 금융산업의 현실 아래 새로운 도전은 부질없는 몸부림이라는 시선을 뒤로 한 채 필자는 성취와 좌절을 경험하였다.

수많은 사건들은 필자에게 깊은 고민과 고통을 줬지만, 시간이 흐르면서 상처는 희미해지고 기억도 함께 잊히고 있다. 금융의 가장 중요한 자산인 경험의 기록은 바람에 지워진 비문碑文처럼 해독할 수 없는 상황이 되고 말 것이다. 물론 한국 금융에 대한 수많은 기록들이 존재하지만 본서에서는 단지 팩트의 나열보다는 내면적인 기록, 즉 위기의 상황에서 느꼈던 금융인의 심리적 갈등, 한국을 바라보는 투자자들의 시각, 국제금융 주도권을 다투는 국가들의 속마음 등에 대한 경험과 해석을 다뤄보고자 하는 소망을 가져 보았다.

* * *

지금 한국의 금융산업은 매우 위태로운 상황이다. 저금리와 저성장의 피할 수 없는 환경에 처했을 뿐만 아니라 라임자산운용, 옵티머스 자산운용 사태 등 연이은 사건들로 금융의 생명과도 같은 신뢰를 의심받고 있는 와중에 코로나 바이러스가 전 세계 금융시장을 강타하였다. 이 어려운 상황을 이겨내기 위해선 지나온 과거에서 극복의 추억을 되살리고, 앞으로 금융이 무엇을 해야 할지 철저하게 성찰해야 할 시점이다. 필자는 이 책이 그러한 성찰의 조그마한 재료가 될 수 있기를 소망한다.

2020년 코로나 바이러스가 금융시장을 혼란에 빠뜨렸지만, 이미 그 이전부터 세계 경제는 큰 변화의 조짐을 보이고 있었다. 전 세계적으로 심화되는 계층 간의 불평등은 자본주의를 다시 생각하게 하고 반反글로벌 정서와 무역분쟁을 야기하고 있다. 인구 감소와 4차 산업혁명은 기존의 성장이론을 무력화시키고 새로운 패러다임을 요구하고 있다. 특히 금융에서는 가상화폐를 비롯한 각종 신기술들이 지금까지 존재하지 않았던 새로운 시장을 만들고 있다. 이렇듯 기존 경제질서는 흔들리고 금융의 미래도 불투명해졌다. 이러한 혼란들은 시장에 영향을 미치고 종전에 볼 수 없었던 기이한 현상을 보여주고 있다.

이런 현상들에 대한 경험과 해석도 담고자 한다.

* * *

　이 책의 특징이라고 필자가 감히 말할 수 있는 것은 시장의 구체적 상황을 체험하고 이를 통해 시장을 바라본 시각이다. 국제금융시장에 대한 거대한 담론이나 관념적 고찰이 아닌 구체적인 상황과 경험을 기술함으로써 시장을 움직이는 요인을 통찰하고자 했다.

　또한 필자가 경험한 사건별로 각 장章을 구성하였다. 각 장은 필자의 개인적인 경험을 기술한 후 그 경험의 시대적, 이론적 배경을 언급하였다. 필자의 기억과 기록이 근간이 되었고 희미한 기억들은 좋아진 세상 덕분에 인터넷이 명확하게 해 주었다. 매우 오랜 기간 동안 일어났던 사건을 대상으로 기술하였기에 기억력의 한계로 인해 세부적인 오류가 있을 수 있고, 이는 당연히 필자의 책임이다.

　아울러 이 책은 금융 비즈니스맨으로서 필자의 실무적인 경험을 바탕으로 쓰였기에 국제금융거래의 전문적인 내용들이 다수 포함되었으나 가급적 쉽게 설명하려고 노력하였다. 따라서 국제금융에 관심이 있는 일반인과 학생들, 그리고 금융업무 종사자들이 편하게 시간 여행을 떠나서, 지난 30여 년간 필자가 있었던 현장을 함께 체험할 수 있으리라 생각한다.

　한 권의 책이 나오기까지 많은 도움이 필요하다. 이 책도 예외는 아니다. 한 사람의 이야기를 책으로 만들고자 하는 희망을 흔쾌히 수락해 준 일조각 김시연 대표님께 깊은 감사의 마음을 표한다. 책을 만드는 과정을 세밀하게 보살펴 준 한정은 씨에게도 고마운 마음을 전한다. 필자의 매우 오래된 후배이자 국제금융시장의 친구인 오충현은 초고 단계부터 꼼꼼히 책을 검증해 주었다. 필자와 함께 어려운 시기를 이겨 냈었던 직장 후배 김두현은 방대한 데이터를 추출하고 정리하는 작업을 해 주었다.

글을 쓰겠다는 필자를 응원해 준 가족의 지원은 이 책의 가장 중요한 자원이었다. 40년 가까운 긴 세월 동안 부족한 필자에게 살아갈 수 있는 힘을 주고 있는 아내 윤혜영에게 고맙고 미안하다. 그리고 각자의 분야에서 자신의 길을 훌륭하게 개척하고 있는 딸 보희, 사위 이홍길, 아들 지혁에게 고마운 마음을 전한다.

2020년 8월
학동로 사무실에서

차례

프롤로그 ----- 새로운 금융컨시들을 위하여

"국제 유동성 위기가 왔을 때 당신의 은행은 우리 연금을 위해 어떻게 외화자금을 지원할 수 있습니까?"

2018년 2월 어느 날 오후 전주 국민연금공단 회의실은 팽팽한 긴장감으로 숨쉬기조차 어려웠다. 세계 3대 연기금 중 하나인 국민연금의 외화금고 은행에 선정되기 위해 필자가 몸담고 있는 은행은 모 대형 은행과 자존심을 건 치열한 한판 승부를 벌이고 있었다. 필자는 선정 위원들 앞에서 외화자금 운용에 대한 프레젠테이션을 했고, 상기 질문은 선정 위원 중 한 사람이 필자에게 던진 것이다. 막막했다. 기축통화국이 아닌 한국으로서는 국제 유동성 위기가 오면 금융기관은 물론 정부조차도 비상사태에 돌입할 수밖에 없다. 이런 상황에 일개 은행이 거대 연금의 외화유동성을 지원한다는 것은 쉽지 않은 일이다. 질문한 위원도 그러한 사정을 몰랐을 리 없다. 그러나 선정을 애타게 바라는 수험생 입장인 필자는 어떻게든 대답을 해야 했다. 그 순간 지난 30년이 필자의 머릿속을 지나갔다. 마침내 천천히 입을 열었다.

"저는 1997년 외환위기, 2008년 글로벌 금융위기 때 국제금융의 최전방에서 외화유동성 확보를 위해 몸으로 뛰었던 사람입니다. 그리고 저희 은행에는 그때 저와 함께 그 시절을 이겨낸 용사들이 아직 많이 남아 있습니다."

답이 없는 질문에 답을 찾는다고 노력은 했지만 필자는 동문서답을 한 것은 아닐까 불안했다. 잠시 정적이 흐르고 질문한 위원의 얼굴에서 미세한 미소가 느껴졌다. 프레젠테이션이 끝난 후 필자 일행은 인근 카페에서 초조하게 선정 결과를 기다렸다. 다행히도 외화금고 선정을 통보받았다. 필자의 브리핑이 은행에 누가 되지 않았다는 안도와 함께 지난 3개월간의 치열한 행군을 마무리하는 순간에 감격의 눈물을 흘렸다. 금고 선정에 대한 간단한 자축을 하고 서울로 돌아오는 기차 안에서 창문 밖에 이어지는 농촌 풍경을 무심히 보다가 문득 필자의 머리를 스치는 생각이 있었다.

'용사들은 언젠가 전장에서 사라질 것이다.'

'용사는 사라져도 전사戰史는 남아야 한다. 새로운 금융전사金融戰士들을 위해서.'

인터넷에서 찾을 수 없는 국제금융시장의 생생한 경험과 그 경험이 말해주는 의미를 남기고 싶다는 강렬한 욕구가 필자의 내면에서 솟아올랐다.

* * *

필자를 비롯한 많은 용사들이 2018년 말 전장에서 물러났다. 그리고 2020년 또다시 위기의 시간이 왔다. 새로운 금융전사들이 국가와 각자의 조직을 위해 뛰어야 한다.

"혹시 Mr. Kang이십니까?"

어느 대형 한 호텔 행사장. 한눈에 보기에도 매우 품위 있어 보이는 노신사가 필자에게 다가왔다. 필자는 국제 행사를 맞아 은행 본부에서 온 고위 임원들의 활동 지원을 위해 행사장 곳곳을 돌아다니고 있었다. 행사의 성격이 각국의 정부, 중앙은행, 은행의 고위급 인사들의 정기적 네트워킹을 하는 것이라, 당시 행사 지역 현지법인의 직원으로서 지원 활동에만 전념하던 필자를 아는 사람이 있을 것이라고는 예상하지 못했다.

'고위급 인사 같은데 왜 나를 아는 척하는 것일까?'

얼떨결에 내민 필자의 손을 노신사는 두 손으로 덥석 잡았다.

"저는 스리랑카 중앙은행 총재입니다."

노신사는 정중하게 자신을 소개하였다.

'중앙은행 총재? 이렇게 대단한 양반이 왜 나 같은 젊은 딜러를 찾아와서 인사를 할까?'

필자는 계속 의아해하며 노신사를 쳐다볼 수밖에 없었다.

"지난번 우리 나라의 국채 발행 때 귀하의 은행에서 참여하셔서 큰 도움이 되었습니다. 그리고 채권 매입을 Mr. Kang께서 수행하셨다는 말을 들었습니다. 감사합니다, 정말 감사합니다!"

필자의 두 손을 꼭 잡고 있는 노신사의 금테 안경 너머로 반짝이는 물방울이 보였다. 그리고 그 순간 필자의 머릿속에는 몇 달 전에 있었던 채권 거래가 떠올랐다.

* * *

스리랑카 정부 발행 채권

스리랑카 정부는 외환보유액 확충을 위해 달러자금 조달에 나섰고 1997년 3월 달러 표시 채권을 국제금융시장에서 발행했다. 필자가 근무했던 외환은행은 그 채권을 매입함으로써 스리랑카 정부 앞으로 신용을 공여한 것이다.

사실 쉽지 않은 결정이었다. 1997년 2월 한보철강 부도 이후 한국계 은행의 자금 조달은 예전 같지 않았다. 조달이 원활치 않으면 투자가 빠듯해지는 법. 은행 현지법인에서 채권 투자를 담당하고 있던 필자는 어려워진 투자환경에서 최대한 신중하게 투자를 수행하고 있었다.

그러던 어느 날 은행 본부에서 지시가 내려왔다.

"스리랑카 정부가 발행하는 채권을 매입하시오."

사실 스리랑카는 당시 동남아 투자붐을 이끌었던 태국, 인도네시아, 필리핀 등의 국가와 달리 투자자들의 관심을 끌지 못하는 국가였다. 따라서 필자의 마음에는 본부의 지시가 별로 내키지 않았다.

당시 본부의 지시에는 이유가 있었다. 1995년 외환은행은 스리랑카 콜롬보에 지점을 개설했는데, 그 지점의 자산으로 편입하기 위해 스리랑카 정부 채권을 매입하기로 본부가 결정한 것이다. 외환은행은 한국은행 외환부가 독립하여 외환을 전문적으로 취급하는 국책은행으로 1967년에 출범하였다. 외환은행의 설립 배경이 국책은행이다 보니 해외 네트워크의 설립이 순수하게 상업적인 목적에 의한 것만은 아닌 경우도 있었다. 즉 외교관계 등 국가적인 목적에 의해 해외 점포가 설립되는 경우도 종종 있었고, 콜롬보 지점도 그러한 케이스였다.

콜롬보에 지점을 개설하면 현지에서 장사를 해야 하는데 현지의 상황이 여의치 않았다. 당시 대부분의 한국계 은행 해외 점포가 현지 교민 또는 대기업 현지법인을 거래선으로 영업을 하고 있었는데, 콜롬보는 그러한 거래선이 매우 취약했다. 따라서 콜롬보 지점이 통상적인 영업을 통해 일정 규모의 자산을 쌓기는 매우 어려운 상황이었다.

1997년에 스리랑카 정부는 최초의 달러 표시 정부채를 발행할 것을 공표하였다. 스리랑카는 외환보유액 확충을 위해 달러 표시 채권의 발행이 절실한 상황이었다. 당시 총 외환보유액이 20억 불에 불과한 스리랑카가 국제금융시장에 진출하여 5천만 불 규모의 채권 발행으로 자금을 조달하는 것은 중요한 과제였다. 이러한 스리랑카 정부의 절실한 과제를 해결하는 데 협조를 한다면 콜롬보 지점의 부족한 자산을 쌓을 수도 있었기 때문에 외환은행에서는 스리랑카 정부채에

항목	내용
발행자	Republic of Sri Lanka
발행통화	미국 달러
발행일	1997. 3. 13
발행규모	5천만 달러
만기	2000. 4. 6
금리	3개월 Libor+1.50%
주간사	Citi Bank, Baring(UK)

출처: Bloomberg

대한 투자를 검토하였다. 정부채를 성공적으로 판매해야 하는 스리랑카 정부와 자산을 쌓아야 하는 한국의 외환은행 콜롬보 지점의 니즈가 들어맞은 것이다. 결국 콜롬보 지점으로 스리랑카 정부채를 부킹(자산을 매입하여 대차대조표에 올리는 것)하고, 매입 실행은 필자가 파견 근무하던 투자법인(외환은행 홍콩현지법인-KEB Asia Finance Limited)이 하기로 결정되었다.

스리랑카 정부채권에 대한 투자는 콜롬보 지점의 필요에 의해서 실행된 것으로, 국제금융시장에서 서로의 이익을 위해 이루어진 일종의 딜deal이었다. 그리고 필자가 직접 거래를 수행했지만 처음에는 내키지 않아 불만스러웠던 거래였다. 그래서 필자에게 너무나 고마워하는 스리랑카 중앙은행 총재를 보니 미안한 마음까지도 들었다.

'얼마나 절박했으면 일국의 중앙은행 총재가 상업은행의 젊은 채권 딜러에게 이렇듯 간곡하게 감사를 표할까?'

필자는 해당채권의 발행이 순탄치 않았던 과정을 생각하며 그 노신사가 채권 발행을 위해 가슴을 졸였을 상황이 머리에 그려지자 함께 숙연해졌다. 그리고 과거 한국의 경제성장기에 우리나라도 외자를 유치하기 위해 얼마나 피나는 노력을 했을까 하는 생각이 스쳤다. 1960~70년대 한국의 경제개발을 위해 외자를 조달할 때 아무것도 없었던 대한민국에 돈을 꾸어 달라고 정부 및 은행 관계자들이 얼마나 가슴을 졸이며 고생을 했을까? 씨티, 체이스맨해튼 등 당대의 유수 글로벌 은행 관계자에게 얼마나 노심초사하며 설명하고 부탁을 했을까?

비록 처음에는 내키지 않은 투자였지만 국제금융시장의 같은 약자로서 도움을 줄 수 있었다는 생각에 뿌듯한 보람까지 느꼈다.

* * *

왜 국제금융시장에서 우리는 약자일까?

국제금융시장을 지배하는 명확한 질서 때문이다. 그 질서는 미국 달러US Dollar가 정한다. 보다 정확히 표현하면 달러를 기반으로 하는 미국 중심의 국제금융질서이다. 필자가 30여 년 전 국제금융을 처음 담당했을 때는 그냥 세상이 원래 그런 것이라고 생각했다. 그러나 세상에 원래 그런 것이 어디 있겠는가? 어떤 현상이든 지금의 상황은 그렇게 되기까지는 사연이 있고 현재의 의미가 있는 것이다. 이 명확한 질서는 시간이 흐를수록 한국인인 필자를 열등감에 빠지게 했다. 국제금융시장에서 장사를 하려면 달러가 있어야 하는데 어떤 자는 이 달러를 마음껏 찍어 낼 수 있고, 어떤 자는 달러를 벌어서 들고 있거나 빌려야 한다. 그리고 달러가 부족하게 되면 유동성 위기라는 절박한 상황에 빠지게 된다. 어떤 자는 자금의 흐름을 파악하고 관리하고 있고, 어떤 자는 그 시스템을 이용하는 수많은 사용자의 하나일 뿐이다. 금융인들이 가장 듣기 거북한 말이 있다.

"왜 한국 금융회사 중에는 삼성전자와 같은 글로벌 기업이 나오지 않느냐? 한국의 금융인들은 삼성전자처럼 글로벌 시장에서 당당히 경쟁하지 못하고 규제가 만든 환경에 안주하면서 혁신을 거부하고 있는 것 아니냐?"

"한국 경제에서 금융은 낙후된 산업이다. 이제는 좁은 국내 시장의 우물 안 개구리에서 벗어나 세계무대에서 당당히 장사를 해야 한다."

대부분의 금융인들은 이 질문에 대해 명쾌한 대답을 하지 않는다. 다만 고객에게 서비스할 수 있는 더 많은 달러를 확보하고 때로는 더 높은 수익률을 위해 달러를 운용하는 일에 몰두할 뿐이다. 국제금융 시장에서의 구조적 열등감을 굳이 말하고 싶지 않기 때문이다.

이 열등감의 본질은 무엇일까? 그것은 역사가 만들어 낸 시스템이다. 1910년 전후 유럽에서는 이미 신디케이티드론이 성행하여 영국의 베어링Baring과 홍콩상하이은행HSBC-Hong Kong Shanghai Bank은 중국에 1억 2천5백만 달러를, 로스차일드Rothchild는 브라질에 5천만 달러를 제공하였다. 1914년 제1차 세계대전 발발 이후 영국, 프랑스 등에 전비와

💲 **신디케이티드론**Syndicated Loan
자금 공여에 따른 리스크를 분산시키기 위해 2개 이상의 금융기관들이 연합하여 대출을 제공하는 거래 형태.

군수물자를 지원했던 미국의 금 보유량이 급증하면서(1923년 기준 주요 금 보유국인 미국, 영국, 프랑스, 독일의 총 보유량 60억 달러 중 미국이 45억 달러를 보유) 국제금융시장의 주도권이 영국에서 미국으로 넘어가는 계기가 된다(참조: 리아콰트 아하메드Liaquat Ahamed, *Lords of Finance: The Bankers Who Broke the World*, Penguin Press, 2009.).

이렇게 100년이 넘는 시간 동안 만들어진 시스템을 단시간에 극복하는 것은 쉬운 일이 아니다. 한국의 금융인들이 이 본질적 열등감에서 조금이라도 벗어나기 위해서는 어떻게 해야 하는가?

일단 열등하다는 것을 인정해야 한다. 즉 국제금융시장의 질서를 이해하고, 그것이 어떻게 변화하고 있는지 관찰해야 한다. 그리고 우리가 할 수 있는 것을 찾아야 한다. 그러기 위해서는 새로운 시장에 도전하며 지금부터 역사를 쌓아가야 한다. 아픈 경험일수록 정확히 기억하고 그것을 바탕으로 역사를 쓰고, 반복하다 보면 국제금융시장의 열등감은 극복될 것이다.

무엇 하나 가진 것 없었던 대한민국은 맨몸으로 달러를 벌어들이며 여기까지 왔다. 그리고 국제금융시장에서 달러에 대한 열등감을 극복해 가는 과정에 있다. 몇 번의 우여곡절이 있었지만 천만다행으로 이를 극복하고 외화자금을 빌리는 규모보다 운용하는 규모가 더 큰 대외채권국가로 변모하였고, 그에 따라 국제금융시장에서의 지위는 예전과는 비교할 수 없게 격상되었다. 그러한 변화의 과정을 경험한 필자는 대한민국의 현재 지위에 대해 감사하면서도 우리가 어려웠던 시간을 항상 기억해야 한다고 생각한다.

* * *

　이제 한국은 국제금융시장에서 약자의 눈물을 흘리지 말아야 한다. 한국의 기관·개인 투자자들이 해외 주식과 채권을 사고 해외 부동산에 투자하는 시대가 되었지만, 지금도 국제금융시장에서 외화자금 차입을 담당하는 사람들은 시장상황에 따라 피를 말리는 고심을 한다. 한반도의 군사적 긴장, 무역전쟁, 이머징마켓의 혼란 등 끝도 없는 이벤트가 발생할 때마다 외화자금 담당자들은 가슴을 졸여야 한다. 하물며 부족한 신용을 가지고 국제금융시장에서 반드시 외화자금을 차입해야 했던 시절의 담당자는 달러 때문에 말로 표현할 수 없는 처절함을 느껴야 했다. 그러나 스리랑카 중앙은행 총재를 만났을 때 필자는 미처 예상하지 못했다. 그 노신사를 만난 후 불과 몇 달이 지나 대한민국이 외화가 고갈되어 경제주권을 빼앗기는 운명이 된다는 것을. 그래서 금융인으로서 그 노신사보다 훨씬 더 처절한 통한의 눈물을 흘리게 된다는 것을.

　아이러니한 점은 또 있었다. 아시아 외환위기가 발생했고 한국을 포함한 대부분의 아시아 국가에서 발행한 채권 가격은 크게 하락하였지만, 스리랑카 정부 달러 표시 국채는 가격을 유지하면서 폭락하지 않았다. 스리랑카가 워낙 경제규모 및 대외채무 규모가 작아 자본시장 리스크에 크게 노출되지 않았기 때문이다. 투자자 관점에서 보면 스리랑카 정부채는 급격한 가격하락을 겪었던 태국, 인도네시아 등의 채권보다 결과적으로 더 변동성이 적은 안전한 투자대상이었고 3년 후 예정된 만기에 정상적으로 상환되었다.

다만 발행 후 스리랑카의 3차 내전이 격화되면서 콜롬보 지점 유리창이 깨질 정도로 시가전이 벌어지자 지점의 본국 파견 직원들은 한국으로 대피하는 등 비상상황이 되었고, 결국 1998년에 콜롬보 지점은 문을 닫게 되었다.

1997년 11월 대한민국은 IMF체제에 들어가면서 경제주권을 내주어야 했다. 이후 대한민국은 외화 부족으로 인해 약자의 눈물을 흘려야 했고, 외환 보유고 확충을 위해 1998년 4월 대한민국 정부 이름으로는 최초로 달러채권을 발행한다. 당시 매우 절박한 상황에서 외화자금 조달을 추진했던 정부 관계자와 금융인들의 마음은 스리랑카 중앙은행 총재처럼 간절한 것이었다.

* * *

2020년 3월 코로나 바이러스로 인한 국제 유동성 위기가 오자 국제 금융시장의 약자들은 또다시 간절히 달러를 구해야 했다. 그러나 이번 상황에서 주목해야 하는 것은 미국의 태도이다.

종전과 다르게 미국은 매우 신속하고 적극적으로 시장 안정에 나서고 있다. 그전의 움직임과 같이 기축통화국으로서 일단 느긋하게 상황을 관찰하지 않고 시장안정을 위해 행동하고 있다. 그만큼 코로나 사태로 인한 시장의 문제가 심각하다는 증거이다.

코로나 사태에 따른 미국의 대응

2020년 3월 19일 미 연준은 대한민국과 6백억 달러의 통화 스와프를 발표하는 등 주요교역국의 유동성을 지원하고 나섰다. 미 연준의 통화 스와프 프로그램이 처음 있는 일은 아니지만, 과거에 비해 훨씬 신속하고 규모가 대폭 늘어난 조치이다(미국은 2008년 리만 브라더스 사태 이후 한 달 반이 지난 10월 31일, 대한민국과 3백억 달러 등 주요 국가들과 통화 스와프를 체결하였으나, 2020년에는 미국 내 첫 사망자가 나온 후 19일 후인 3월 19일 대폭 상향된 금액으로 주요 국가들과 통화 스와프를 체결했다).

2 ------ 베인든 받으러 적지로―외환위기 전후 동남아, 그리고 한국

필자는 급하게 출장 짐을 챙겼다. 한동안 골치를 썩여 왔던 말레이시아 부실채권 발행사(채무자)의 최종 책임자인 그룹 회장과 면담이 갑자기 성사되었기 때문이다.

'이번에 반드시 담판을 지어야 한다!'

필자의 가슴에는 전의戰意가 불타올랐다. 1997년 외환위기가 발생하기 이전, 한국 금융기관들은 말레이시아의 최대 이동 통신사인 TRITechnology Resources Industry가 발행한 전환사채를 대량 매입했는데 외환위기가 발생하자 TRI는 상환의무를 이행하지 않았다. 한국 금융기관들은 채권단을 구성하였고 문제해결을 위해 발행사 그룹 회장과 접촉을 꾸준히 시도하였다. 그리고 어렵게 회장과의 면담 일정이 잡힌 것이다.

"외환은행의 강창훈입니다."

김포공항에서 한국 채권단의 대표로 동행할 국민은행의 담당자와

전환사채Convertible Bond
채권의 투자자가 일정 조건하에서 투자금액을 채권 발행자의 주식으로 전환할 수 있는 권리를 부여한 채권. 이러한 권리로 인해 전환사채의 금리는 동일 발행자의 일반적인 채권에 비해 통상 낮은 편이다. 투자자가 주식으로 전환한 경우 주가 상승으로 주식 매각차익을 얻을 수 있기 때문이다.

인사를 했다. 큰 키에 선한 인상이었다. 악수를 하며 바라보는 서로의 눈빛에 비장함이 흘렀다.

▽ 쿠알라룸푸르 국제공항

말레이시아는 초행길이다. 다른 동남아 국가들과는 달리 회교적 분위기가 강하게 느껴진다. 미션을 가지고 도착한 필자는 밀려오는 긴장감을 느껴야 했다. 필자 일행은 택시를 타고 쿠알라룸푸르 시내로 이동하여 일단 호텔에 짐을 풀었다. 그리고 TRI 회장을 만나기 위해 호텔방을 나서려는 순간 방에 있는 전화기의 벨이 시끄럽게 울렸다.

'지금 나한테 전화할 사람이 없는데?'

예상치 않은 낯선 전화를 받는 것은 별로 기분 좋은 일이 아니다. 수화기를 들어 올리니 뜻밖에 한국말이 나왔다.

"A은행의 제임스 권(가명)입니다."

전화 속의 사람은 자신이 미국계 글로벌 은행인 A은행의 이사인데, 자신의 은행이 TRI의 채무조정 어드바이저 역할을 하고 있다는 것이었다. 전화로 여러 가지 말을 빙빙 돌리다가 이야기했다.

"우리 적당히 타협합시다."

"한국계 은행들이 독자적으로 채무자를 압박해 봐야 채무자가 움직이겠습니까?"

한마디로 채무자를 압박하지 말고 자신들과 타협하여 잘 해결하자는 것이었다. 그는 거만한 말투로 무리한 압박에 의한 나쁜 결과를 열거하였다. 대놓고 말하진 않았지만 요지는 이것이었다.

'한국 금융기관이 무슨 역량이 있어서 채무자를 직접 접촉하고 압박
하겠냐? 그냥 우리하고 협상해서 적당히 끝내자.'

통상적으로 채무재조정 과정에서 채무자가 선정한 어드바이저가
협상을 중재할 수도 있다. 그러나 그럴 경우에는 채무자와 미팅 일정
을 잡는 과정에서 사전에 공식적으로 채권자들에게 통보하고 의제를
제시하는 것이 상식적이다. 그런데 아무런 사전 통보도 없이 채무자
와의 미팅 직전에 느닷없이 끼어들어 자신들과 대화하자는 것은 상당
히 무례한 행동이다.

'도대체 같은 한국 사람들끼리 도와주지는 못할망정 왜 이렇게 무례
한 행동을 하는 것일까?'

필자는 우리나라 은행의 자존심을 건드리는 상대방의 언행에 뒤통
수로 욱하는 열기가 올라왔다. 곧바로 감정을 자제했지만 그냥 넘어
가서는 안 된다는 생각이 들어 의도적으로 목소리를 높였다.

"우리는 채무자와 직접 대화하러 왔습니다. 당신이 무슨 자격으로
이 사안에 대해 끼어드는 것입니까? 우리는 당신을 대화상대로 인
정할 수 없습니다. 그리고 이런 것은 뱅커로서 무례하고 비상식적
인 행동 아닙니까?"

전화기 너머로 잠시 정적이 흘렀다. 통화자의 당혹스러움이 느껴지
는 듯했다.

"알겠습니다."

짤막한 말과 함께 딸깍 수화기를 끊는 소리에서 통화자의 불쾌감이 전해졌다. 예상치 못한 해프닝에 필자는 잠시 흥분했고, 앞으로의 과정이 만만치 않을 것 같다는 예감이 들었다.

* * *

필자 일행은 쿠알라룸푸르 시내 한가운데 있는 빌딩을 올려다보고 있었다.

'이게 본사란 말이지.'

20층 정도였지만 주변 건물이 낮아서 본사 건물이 매우 높게 느껴졌다. 건물에 들어가니 생각보다 소박한 모습의 로비가 나왔다. 안내원에게 용건을 말하자 마치 기다리고 있었다는 듯이 필자 일행을 따라오라고 했고, 우리는 전용 엘리베이터를 타고 최상층에 있는 회장의 사무실로 향했다. 엘리베이터가 열리자 필자의 눈에 놀라운 광경이 들어왔다. 꽤 넓은 면적의 건물 최상층이 하나의 방으로 펼쳐져 있었다. 그리고 그 넓은 방은 사방이 유리창으로 둘러싸여 햇빛이 쏟아지고 있었다. 그리고 그 넓디넓은 방의 한가운데 회장과 재무 담당임원CFO이 앉아 있었다. 한국의 재벌 회장 사무실을 구경해 본 적이 없는 필자이지만 이 정도로 넓고 웅장한 규모는 아닐 것이라는 생각이 들었다.

'회장이 권위를 보여 주기 위해 신경을 많이 쓰는 사람이구나!'

필자는 짧은 순간이지만 회장의 심리상태를 추측할 수 있었다. 워낙 넓은 방이라 한참을 걸어 들어가서야 회장과 CFO의 얼굴을 볼 수 있었다. 회장은 동남아와 약간의 아랍계 느낌이 드는 단단한 인상의 신사였고 CFO는 중년 여성이었다. 그런데 필자가 자리에 앉자마자 뜻밖의 상황이 벌어졌다. 통유리로 되어 있는 창문으로 쏟아지는 햇빛을 받고 있던 회장이 눈살을 찌푸리며 오른손을 들어 두세 번 흔들자 얌전히 앉아 있던 CFO가 벌떡 일어났다. 그리고 그 큰 방을 사방으로 뛰어다니며 줄을 잡아당겨 블라인드를 내리고 있었다. 너무나 열심히 뛰어다니는 CFO의 모습이 기이해 보였다. 필자는 동행한 국민은행 직원과 서로 얼굴을 쳐다보며 이 상황의 의미를 파악하고자 했다.

'이것은 회장의 권위를 보여 주려는 의도된 행동 아닌가?'

이러한 생각이 스치면서 조폭 영화에서 자주 볼 수 있는 한 장면을 보는 듯했다.

'그렇다면 내가 지금 조폭 두목과 협상하기 위해 조폭 사무실에 들어와 있는 것인가?'

필자는 알 수 없는 서늘한 기운이 뒷목을 스치는 것을 느꼈다. 그리고 회장이 의도적으로 기선 제압을 한다고 생각되자 긴장감이 몰려왔다.

'어차피 채무조정에 대한 세부적인 토의는 재무자료와 관련 법률 등을 검토하면서 실무적으로 진행될 것이다. 최고 결정권자인 회장과의 만남은 협상에서 우위를 점하는 것이 목적이니 가급적 채권단의 의지를 강하게 보여 주어야 한다.'

필자는 회장과 면담 전에 국민은행 관계자와 함께 사전에 협의한 전략을 다시 마음속으로 상기했고, 이어서 강한 어조로 채권단의 의지를 언급하며 채무상환을 요구했다. 필자가 파악한 회사의 현금흐름을 근거로 상환능력이 있음을 주장하며 상환을 이행하지 않을 경우 채권단은 온갖 수단을 동원할 것이라고 압박했다. 회장은 이러저러한 이유를 대며 상환이 어렵다고 설명하였으나 말하는 태도는 전혀 채무를 불이행한 사람의 모습이 아니었다.

'빚쟁이 앞에서 이렇게 당당할 수 있을까?'

필자는 대화가 잘 안되고 있다는 것을 느끼고 스스로 답답했지만 애써 담담한 표정으로 감추어야 했다. 반면 회장은 말레이시아에서 자신의 위치가 어떠하다는 말을 반복하면서 그다지 진정성 있는 모습도 구체적인 대안을 제시하는 의지도 보이지 않았다. 필자와 국민은행 관계자는 한국 금융기관을 대표한다는 사명감과 젊은 혈기에 회장실까지 들이닥쳤지만, 막상 면전에서 대하니 이 노회한 사람을 상대하기가 만만치 않음을 느꼈다.

그런 상황이기에 필자 일행은 더욱 목소리가 높아졌고 면담의 분위기는 점차 험악해지는 양상이었다. 상황이 이렇게 되자 회장의 표정은 점차 굳어지면서 얼굴은 이렇게 말하고 있었다.

'내가 누군데 너희들이 감히 이렇게 무례하게 구느냐?'

서로 목소리를 높이며 한 시간가량 설전을 벌인 후에 필자 일행은 답답하지만 채권단의 강력한 의지를 보여 주었다는 점에 만족하고 회장실을 나올 수밖에 없었다. 그러나 엘리베이터를 타고 내려오는 동안 갑자기 불길하고 불안한 생각이 필자의 머리를 스쳤다.

'내가 방금 만난 회장은 말레이시아 내에서는 손에 꼽는 재벌 회장이고, 말레이시아는 상당한 정경유착이 있는 나라이다. 이런 나라에 달랑 두 사람이 와서 이렇게 돈 갚으라고 따지고 든다면 회장의 능력으로 우리를 쥐도 새도 모르게 처리할 수도 있지 않은가?'

아는 사람 하나 없는 이 말레이시아 땅에서 내 짧은 인생이 잘못될 수도 있다고 생각하니 공포가 엄습해 왔다. 생각이 여기까지 미치자 호텔에서 전화 통화로 어드바이저 뱅커에게 까칠하게 대했던 일까지 생각났다.

'내가 뭘 믿고 이리도 천방지축, 좌충우돌 설쳐댄 건가?'

출국하면서 다짐했던 한국 금융기관을 대표한다는 결의는 잠시 잊고 필자의 내면에는 급작스러운 공포심이 스멀스멀 올라오고 있었다. 건물 앞에서 택시를 타고 호텔로 돌아오며 뒤를 돌아보니 아닌 게 아니라 두 대의 차가 계속 따라오고 있었다.

'영화에서 보는 장면이 바로 이런 것이구나, 만약의 경우에 어떻게

이 상황을 대처해야 하나?'

'내가 무슨 부귀영화를 보겠다고 여기까지 설치고 와서 이런 일을 당하나?'

'내가 잘못되면 처자식은 어떻게 먹고 사나?'

별별 생각을 하며 일행과 같이 공포에 떨고 있는데 호텔 근처의 사거리에서 우리가 탄 택시가 회전을 하자 따라오는 것 같던 차들은 다른 방향으로 가버렸다. 따라오던 차가 필자 일행을 정말로 미행했는지는 확인할 수는 없는 일이지만 필자 일행은 안도의 한숨을 쉬며 호텔로 들어갔다. 그 후 말레이시아에서의 일정(변호사, 에이전트 은행 등과의 미팅) 내내 계속 불안한 마음을 안고 좌우를 살필 수밖에 없었다. 지금 생각하면 하나의 해프닝 같은 일이었지만 당시에는 출장 온 것을 후회할 만큼 무서움을 느껴야 했다.

말레이시아에서 일정을 마치고 사무실로 복귀한 이후 필자는 채권단과 긴밀히 의견을 교환하면서 채권 회수 활동을 지속하였다. 그러나 채무자인 TRI는 그 후에도 순순히 채권 상환 일정을 제시하지는 않았다. 그 후 어느 정도 시간이 흐른 후(약 6개월 정도로 기억된다) TRI는 채권 원금 및 풋옵션 프리미엄까지 모두 상환하여 채권단 입장에서는 가장 바람직한 결론을 얻을 수 있었다. TRI가 상환능력이 있었다는 것이 입증된 것이다(물론 TRI의 자산매각 등 구조조정의 노력도 있었다). 그리고 최대 채권자 그룹인 한국의 금융기관을 대표하여 채무자를 압박한 것이 상당히 도움이 되었다고 보인다. 필자가 생명의 위협을 느끼며 노력했던 채권 회수가 결실을 보게 되어 기쁜 마음도 있었지만, 좀 더 효율적으로 채무자를 압박했으면 더 빠른 시간 내에 회수를 할 수 있지 않았나 하는 아쉬움도 있다.

* * *

당시 TRI의 투자 배경은 이렇다. 말레이시아의 최대 이동통신사인 TRI가 발행한 전환사채는 한국계 금융기관들이 찾는 인기 채권이었다. 말레이시아의 경제성장 배경, 이동통신이라는 테마, 국내 시장 1위 사업자, 든든한 대기업 계열사(국적 항공사인 Malaysian Airline Systems과 같은 그룹) 등 한국 투자가가 좋아하는 요소를 두루 갖추고 있었다. 그래서 94년 발행 당시 전환사채 총 발행 금액의 50% 이상을 한국계 금융기관들이 투자하였다. 그런데 97년 아시아 외환위기 발발 이후 많은 아시아 기업들과 같이 TRI도 99년 풋옵션 만기 이전

풋옵션put option**과 풋프리미엄**put premium

전환사채를 발행할 때 최종 만기 이전에 투자자가 상환을 요구하는 권리인 풋옵션을 부여하는 경우가 많다. 그리고 풋옵션 행사 시점에 상환금액을 프리미엄(발행 액면가에 일정 금액을 더 붙인 것)으로 투자자에게 갚을 것을 발행자가 약속하는 경우가 있다. 그 이유는 전환사채의 표면금리가 통상 매우 낮기 때문에(전환사채의 주식가치를 감안하여) 이를 보전하기 위함이다. 이때 투자자 입장에서는 주식가치도 가질 수 있고 풋옵션 프리미엄을 통한 금리 보전도 받을 수 있는 전환사채가 매력적인 투자 수단이었지만, 발행자 입장에서는 채무상환 현금흐름이 풋옵션 만기에 너무 몰려 있기 때문에 (원금 및 프리미엄)자금 확보에 문제가 생길 가능성이 있다. 97년과 같은 시장 유동성 경색이 왔을 때 많은 아시아 기업들이 발행한 전환사채의 풋옵션 행사에 대한 지급의무를 이행하지 못하였다.

풋옵션부 전환사채 수익률

가정 – 표면금리(연율): 1%
　　 – 풋옵션프리미엄: 10%
　　 – 풋옵션 만기: 5년
투자자 수익률(연율)=표면금리+프리미엄 = 1%+10%/5 = 3%

에 풋옵션 이행 불가를 선언하고 채무 재조정을 요청하였다.

당시 필자는 TRI의 재무상황을 분석해 보고 발행자인 TRI가 조금만 성의를 보이면 채권을 상환할 수 있는 상태라고 판단하였다. 문제는 채권의 상환을 요구하고 압박하는 역할을 채권단이 해야 하는데, 주채권 기관인 한국계 금융기관들이 행동에 나서지 않는 것이었다.

90년대 중반 이후 세계화 붐을 타고 한국 금융기관들이 해외 증권투자를 본격화하면서 국제금융시장에 투자자로서 화려하게 등장했지만, 97년 이후 투자대상들이 부실화되자 그것을 어떻게 관리하고 처리해야 할지 난감한 상황이었다. 부실채권의 관리는 상당한 전문성을 요하는 분야이고 당시에 국내 부실채권에 대해서는 인력과 인프라가 갖추어져 있었지만, 해외 부실채권은 사실상 처음 경험하는 상황이었다.

채무자 소재국의 법률, 회계, 경제구조는 물론, 심지어 정치구조까지 변수에 넣고 부실채권을 관리해야 하는데 해외 채권에 대해서는 당시 한국 금융기관들이 엄두가 나지 않았다. 물론 언어의 문제도 근본적이고 심각한 것이었다. 그리고 금융기관의 해외 출장이 매우 제한적인 당시 상황에서 수시로 채권자 회의를 열고 채무자를 압박하기 위해 출장을 가는 것은 현실적으로 어려웠다. 이런 상황에서 필자는 채권단이 조금만 적극적으로 나서면 조기에 채권회수를 할 수 있다고 상사들을 설득하여 채무자 압박투어를 기획했다. 그 결과 한국계 채권단의 대표로 국민은행 관계자와 함께 2인 1조로 채무자 TRI의 최고 의사결정권자인 회장을 만나는 미팅을 어렵게 주선할 수 있었다.

외환위기 당시의 동남아 기업들

지금까지 TRI의 케이스를 돌이켜 보았다. 이제 당시 상황을 보다 자세하게 살펴보고 왜 이런 상황이 오게 되었는지 그 배경을 생각해 보자.

외환위기가 오자 많은 동남아 기업들이 채무불이행 상태에 빠졌다. 기업들은 혹독한 구조조정을 통해 채무상환 일정을 재조정하고, 이를 이행하는지를 채권단이 철저히 모니터하는 것이 일반적인 경우이다. 그러나 외환위기 이후 많은 동남아 기업들은 그 위기를 핑계로 채무, 특히 외화채무를 의도적으로 불이행하려는 경향이 있었다. 외화채무의 경우 대부분의 채권단이 해외 기관이고, 당시만 해도 회계 투명성 등 제반 인프라가 확실하게 정립되지 않았기 때문에 채무자인 기업의 세부적인 상황을 파악하는 것이 힘들었다. 당시 아시아 외환위기 이후 어려움에 처한 동남아 국가의 기업들은 유사한 패턴을 가지고 있었다.

▶ 대규모 외화(달러)채무로 자금 조달
▶ 환율 상승에 따른 상환부담 증가
▶ 달러채무 이행 거부
▶ 내부 영업을 지속하여 기업가치 유지
▶ 채무 재조정을 통해 유리한 조건으로 유도

당시 동남아 달러채권의 계약 조항은 대부분 크로스 디폴트를 포함하는 표준적인 계약 조건을 사용하였기 때문에 외화채무가 불이행되었다면 국내 채무도 자동으로 불이행으로 간주되는 조건이었다.

따라서 외화 채무를 불이행하였다면 국내의 모든 채무도 디폴트 상태가 되어 정상적인 영업이 불가능한 상황이 되어야 하는데, 어찌된 일인지 국내 영업은 별일 없이 잘 돌아가는 것이 당시 동남아 기업들의 일반적인 현상이었다. 이러한 상황이 가능했던 것은 당시 외국인 투자자에 대한 권리 보호가 미비했던 사법체계 때문이었다. 여기에 대기업 소유주들과 정부의 친밀한 관계도 또 하나의 원인이었다.

이렇게 동남아 기업들은 해외 투자자들에 대해 불이익을 안겨 주는 행태를 보이며 대외채무에 대해 성의 있게 대응하지 않았다. 반면 한국의 기업들은 정부 주도하에 해외 투자자들에게 성의 있는 모습을 보여 주며 적극적이고 우호적으로 대응하였다.

이런 과정을 돌아보며 해외 채권 회수 시 고려해야 하는 사항을 정리해 본다.

첫째, 채무자가 국외채권자에 대해 상환 우선순위를 고려하고 있는가를 판단해야 한다(앞서 설명한 바와 같이 시장개방이 제한적이거나 회계 투명성이 낮은 국가의 경우 국외채권자의 순위가 밀려나는 경우가 많다).

크로스 디폴트cross default
기 체결된 계약이나 앞으로 체결할 다른 계약서의 제반 조항을 이행하지 않을 경우 본 계약 위반으로 간주한다는 조항을 말한다. 예를 들어 만일 채무자가 다른 채무계약에서 원리금 상환을 위반할 경우 본 계약위반으로 간주한다는 것이다. 즉, A그룹이 발행한 해외 증권이나 론loan의 계약서에 크로스 디폴트조항이 명기되어 있을 경우, 자금사정이 악화된 A그룹이 국내 금융기관 협약으로 부도처리가 유예되더라도 해외 대주들이 이를 채무불이행으로 간주할 경우 해외에서 먼저 부도처리될 수 있다.
출처: 미래와 경영연구소, 「NEW 경제용어사전」 "크로스 디폴트cross default", 미래와 경영, 2006.

둘째, 시간과 예산상의 제약이 있겠지만 채무자를 찾아가서 직접 압박하는 과정은 반드시 있어야 한다. 시간, 예산상의 제약으로 채무 재조정 과정에서 소극적인 태도를 보이면 채무자는 결코 반응하지 않는다.

셋째, 채권회수과정이 진행되면서 채권의 가격이 올라가는 경우가 발생하는데, 이때 채무자가 개입되어 채권을 보다 싼 가격으로 사들이는지를 판단해야 한다(TRI의 경우도 그런 현상이 나타났다).

외환위기 이후 대우그룹의 해외 채무조정

대우그룹은 1999년 8월 해외 채권단을 대상으로 설명회를 개최하고 총 외화차입금 99억 불 중 순수 외국금융기관으로부터의 차입금 68억 불을 해결하기 위해 정부와 협의를 통해 최선을 다했다. 일부 해외 금융기관들이 정부의 지급보증을 요구하며 개별 소송을 진행하겠다고 위협하였다. 그러나 대우 측은 순자산상태를 감안 할인매입hair cut purchase을 제안하여 국내 금융기관들이 우선적으로 참여했고(매입률 34%), 이를 바탕으로 해외 투자자들에게 더 좋은 매입률(39~40%)을 제시하여 합의를 이끌어 냈다. 이러한 성의 있는 채무조정 과정을 통해 대한민국의 신뢰도가 올라갈 수 있었다.

출처: 김용덕, "아시아 최초 외환위기와 한국의 IMF사태", 고려대학교 경영대학원 강의자료, 2014.

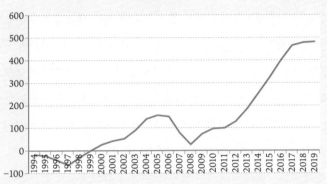

한국의 순대외채권 추이

(단위: 십억 달러)

데이터 출처: 한국은행 경제통계시스템

외환위기 이전 한국의 상황

그러나 보다 근본적으로는 생각해야 할 사항은 외환위기 이전에 왜 한국의 금융기관들이 동남아 투자에 그렇게 열을 올렸느냐 하는 것이다. 금융시장에서 대한민국의 지위가 높아진 것을 가장 현실감 있게 보여 주는 수치는 대외채권 규모이다.

2019년 말 기준 한국의 순대외채권 규모가 5천억 불(약 590조 원)에 근접할 정도로 국제금융시장의 중요한 자금운용 주체로 성장했다. 솔직히 필자는 대한민국이 대외적으로 순채권 국가라는 현실이 아직도 어색하다. 30여 년 전 젊은 시절에 일본 기업이 뉴욕 맨해튼의 록펠러 센터를 매입했다는 뉴스를 보고 범접할 수 없는 그들만의 시장에 대해 동경하던 때가 엊그제처럼 생생하다. 그때를 기억하는 필자에게 전 세계를 대상으로 해외 자산을 운용하는 지금의 대한민국은 눈물 나게 감격스럽다.

그러나 압축경제성장과 함께 짧은 시간에 해외 자산 운용주체가 된 한국에 부족한 것은 역사이다. 그나마 남겨진 역사도 각 기관의 잦은 인력교체로 서서히 잊히고 있다. 지나간 날들이 구세대의 추억으로 사라지기 전에 현재의 모습이 어떻게 만들어졌는지 돌아볼 필요가 있다. 따라서 필자는 한국의 해외 유가증권 투자가 어떠한 과정을 거쳐 왔고 무엇을 생각해야 하는지 이야기하고자 한다.

해외 투자, 특히 유가증권 투자는 90년대 중반 아시아 외환위기 이전까지는 극소수 기관의 특수한 목적에 의한 제한된 비즈니스였다. 한국은행의 외환보유액 운용, 산업·수출입은행의 보유외화 운용, 시중은행의 영업용 외화유동성 운용 등이 그 예이다. 국내에 외화자금이 축적되지 않았던 시절에 외화자금을 운용하는 것은 매우 제한적일 수밖에 없었다. 그리고 정부 및 각 금융기관의 국제금융 파트에서 주요한 미션은 부족한 외자를 보충하기 위해 어떻게든 외화자금을 조달하는 것이었다. 사정이 그렇다 보니 각 기관에서 국제금융의 담당 부서 중 조달 파트는 매우 주목을 받는 중요한 부분이었고, 운용 파트는 주도적인 활동을 하기 어려운 입장이었다. 이론적으로 보면 한국은 당시 개도국으로서 자본의 한계효율이 상대적으로 높은 국가였기 때문에 자금이 외부에서 들어오는 것이 자연스러운 상황이었다.

하지만 1990년대에 들어 이러한 상황이 변화하기 시작했다. 김영삼 정부의 세계화 정책에 따라 금융기관들의 해외 투자가 활발해지기 시작했고, 때마침 불어닥친 동남아 이머징마켓의 부상은 이 트렌드에 불을 붙였다.

김영삼 정부의 국제화 강조

　　김영삼 대통령은 25일 오후 5시 10분께 8박 9일간의 미국 공식 일정을 마치고 부인 손명순 여사와 함께 건강한 모습으로 성남 서울공항을 통해 귀국…(중략)… 김대통령은 귀국인사에서 방미 성과를 설명한 뒤 "국제화, 세계화는 이 시대의 큰 흐름이며 이 흐름을 앞에서 이끄는 나라가 되기 위해 우리가 먼저 달라져야 한다"면서 "온 국민이 일터에서 교실에서 가정에서 새 시대를 맞을 준비를 해야 하며 열린 가슴으로 세계를 호흡하면서 더욱 열심히 땀 흘려 일해야 할 것"이라고 강조했다.

출처: 연합통신(1993.11.25)

　　이러한 대통령의 발언은 상당히 선언적이라 정부가 무엇을 하고자 하는지 알 수 없었다. 그러나 그 이후 김영삼 정부의 세계화는 정책으로 구체화되면서 금융부문의 큰 변화를 가져왔다. 대내적으로 금융산업 구조개편을 통해 투자금융회사(단자회사)의 종금사 전환이 이루어지고, 대외적으로는 자본시장 개방을 통해 국내 자본의 해외 직간접 투자의 제약이 대폭 해제되었다. 특히 1994년 2월 국내 기관 투자자의 해외 투자 한도 폐지는 동남아 이머징마켓에 대한 집중투자의 직접적인 계기를 제공했다.

　　필자는 세계화 정책에 대한 공과를 따져 보려는 의도는 없다. 중요한 것은 이러한 정책이 금융기관의 운영에 큰 영향을 주었다는 점이다. 즉 당시 한국이 해외 투자의 주체로 부상할 만큼 내적 자본이 축적되지 못했고, 자본의 한계효율이 높았음에도 해외 투자가 확대되었다는 것은 필연적으로 차입을 통한 투자가 이루어졌다는 것을 의미한다. 결국 이러한 구조가 97년 아시아 외환위기 국면에서 한국이 피해자가 되는 중요한 원인을 제공한 것이다.

기존의 소수 금융기관들의 영역이었던 해외 유가증권 투자시장에 종금사들이 진출했고 종금사들은 홍콩에 법인을 개설하면서 해외 유가증권 투자규모를 급속히 확대시켰다. 90년대 중반부터 97년 아시아 외환위기 전까지 종금사들은 홍콩에 잇달아 현지법인을 설립하고 공격적인 투자에 나섰다. 일부 종금사에서 해외 투자를 통해 돈을 벌었다는 기사가 나면 다른 종금사 CEO는 회의 시간에 직원들을 질타하며 조속히 홍콩 법인을 설립하여 해외 투자에 나서라고 지시하는 풍경이 발생하였다.

상황이 이렇게 되니 홍콩에서 법인을 개설하는 금융기관들이 줄을 이었고 오죽했으면 당시 홍콩 주재 총영사, 재경관은 하루걸러 개점 테이프커팅 행사에 참석해야 한다는 이야기가 나올 정도였다. 그러나 97년 아시아 외환위기 발생으로 한국 금융기관들의 해외 투자자산의 상당 부분이 부실화되면서 세계화를 배경으로 일어났던 해외 투자붐은 불행하게 막을 내린다.

그리고 20년의 세월이 흐르면서 대한민국은 꾸준히 축적된 경상수지 흑자와 국내 저금리 기조가 맞물리면서 다시 한 번 해외 투자의 전성기를 맞게 된다. 기관이든 개인이든 해외 시장이 필수적인 포트폴리오가 되면서 요즘은 웬만한 개인 투자자도 해외 주식이나 채권자산을 직간접적으로 보유하는 시대가 되었다. 한국 투자자의 해외 유가증권 투자규모는 급속히 성장하고 있으며 해외 유수의 금융기관들(은행, 자산운용사, 증권사 등)은 한국을 주요 고객으로 대접해 주는 시대가 되었다.

＊ ＊ ＊

지난 30년간 변화를 생각하면 필자는 격세지감을 느끼지만 과연 이러한 성장과 변화를 감당할 만한 역량을 동시에 키우고 있는가 하는 관점에서는 의문이 있다. 해외 투자대상에 대한 심도 있는 리서치, 투자실행 후 시장변화에 대한 모니터링과 자산 재조정, 그리고 자산이 부실화되었을 때 그것을 회수하는 시스템 등 자산을 보유하고 회수하는 과정에 필요한 역량이 체계화되었는가에 대해서 생각해 보면, 특히 채무재조정이나 채무불이행에 들어간 자산을 회수하는 것은 매우 중요한 과정임에도 불구하고 그다지 정비되지 않은 것이 각 금융기관의 현실이다. 해외 부실채권의 회수라는 것이 각국의 사법체계, 기업지배구조의 형상 등 광범한 이슈를 고려하며 진행되어야 하기 때문이다. 그리고 투자를 시작하는 단계에서는 화려한 조명이 쏟아지지만 부실화된 자산을 회수하는 단계에서는 질책과 책임론이 난무하는 현실도 해외 자산 회수 역량을 키우는 데 장애가 되는 요인이다. 결국 이 분야도 시간과 경험을 통한 내공이 필요하고 그러한 내공은 이어져 내려와야 한다. 돌이켜 보면 97년 외환위기 이후 몇 년은 부실화된 자산을 회수하기 위한 사투의 시간이었다. 필자가 경험했던 TRI의 케이스도 그중 하나였다.

필자의 경험은 옛날이야기가 되어 버렸지만, 해외 투자의 규모가 급증하는 지금의 상황을 보면 앞으로 해외 채권의 회수는 매우 중요한 이슈가 될 것이다. 과연 해외 자산을 관리할 수 있는 역량을 국내 금융기관들이 충분히 가지고 있는지 스스로 점검해 보아야 한다. 채권이 부실화된 후에 이 채권을 회수하는 과정은 투자를 결정하는 과정보다 더 지난至難한 것이기 때문이다.

현재 우리나라의 해외 투자붐은 90년대 중반 정부의 세계화 선언에 따른 동남아 투자붐 이후 찾아온 제2단계라고 할 수 있다. 1단계에서 우리 금융기관들은 쓰라림을 겪었고 또 그것을 해결하기 위해 많은 노력을 해야 했다. 하지만 20여 년이라는 세월이 흐르면서 이러한 기억은 거의 잊히고 있다. 그런데 투자규모가 커진 2단계 투자붐에도 서서히 부실화 및 이에 따른 채권회수가 어려워지는 케이스가 발생하고 있다. 특히 2008년 이후 각국의 팽창적 통화정책으로 급증한 유동성은 자산가치의 과도한 상승을 가져와서 중국의 회사채·부동산 자산 및 미국과 유럽의 부동산 자산 중 일부는 부실화의 조짐을 보이고 있다. 그러한 와중에 2020년 코로나 바이러스 사태까지 발발하면서 자산 부실화의 속도를 재촉하고 있다. 자산을 운용하는 기관들의 채권회수 역량에 따라 투자자의 희비가 엇갈릴 것이다.

중국 에너지기업 채무불이행 사태··· 국내 7개 금융사, 공동대응 나서

중국 에너지기업인 차이나에너지리저브&케미컬그룹(CERCG) 자회사의 부실자산 유동화 기업어음(ABCP)을 보유한 국내 7개 금융사가 공동 채권단을 구성했다. 이들은 홍콩 현지에서 법률대리인 선임을 논의하는 등 채권회수를 위해 공동 대응하기로 했다.

출처: 한국경제(2018.8.5)

증권사 해외 부동산 어쩌나··· 고조되는 수익성, 셀다운 우려

코로나19 확산으로 글로벌 부동산 경기까지 침체된 가운데 국내 증권사의 우려도 커지고 있다. 국내 투자자 사이에서 큰 인기를 끌었던 공모형 부동산 펀드도 수익성이 악화될 것이라는 지적이 나온다. 30일 금융투자협회에 따르면 미래에셋대우는 다음 달 7조 원 규모의 미국 호텔 15곳을 인수할 예정이었으나 인수자금 조달과 납입이 불투명한 상황이다···(중략)··· 앞서 판매한 공모형 부동산 펀드도 수익성 악화가 불가피할 것으로 보인다. 지난 4년간 꾸준히 증가했던 부동산 펀드 설정액도 이미 증가세가 꺾였다. 부동산 펀드의 경우 부실이 만기에 드러나기 때문에 아직 현실화되지는 않았지만 결국에는 연쇄적으로 부실이 만기에 드러날 것이란 주장이 제기됐다. 금융투자업계 관계자는 "이미 부실 구간에 접어든 물건도 만기가 도래하지 않아 문제가 되지 않은 것뿐"이라며 "글로벌 부동산 경기침체가 장기화되면 부동산 펀드의 부실도 불가피하다"고 분석했다.

출처: 머니투데이(2020.3.30)

3 -------- "당신 베즈누 대 날렸어!" — 1997년 홍콩

짐을 끌고 들어가는 필자의 앞에 자동문이 열렸다.

'그래, 이제 시작이다. 홍콩에서 새로운 도전을 해 보는 거다.'

필자의 멋진 다짐이 마무리되기도 전에 눈앞에는 입국장의 아수라장이 펼쳐졌다. 넘쳐 나는 온갖 인종의 사람들이 발 디딜 틈도 없이 서서 마중 나온 입국자를 기다리고 있었다. 당시 카이탁 공항은 극도의 포화상태로 아시아의 금융허브라는 타이틀과는 어울리지 않게 엉망진창이었다. 인파 속에서 손을 흔드는 큰 키의 낯익은 얼굴이 눈에 들어왔다. 필자의 직장 선배이자 부임하는 법인의 전임자였다.

"홍콩은 처음이지?"

초행길의 낯선 나라에서 아는 얼굴이 반겨 주니 눈물 나게 고마웠다. 선배와 함께 택시를 타려고 공항 건물을 나서니 처음 느껴 보는 홍콩의 습한 바람이 필자의 폐부를 파고들었다. 그다지 쾌적하지 않은 경험이었다. 홍콩생활은 그렇게 시작되었다.

* * *

1996년, 당시 홍콩은 한국의 금융기관들에게는 미국 서부개척시대

의 금광과 같은 곳이었다. 김영삼 정부의 세계화 물결이 동남아 이머
징마켓 호황과 맞물려 한국 금융기관의 투자가 밀물처럼 홍콩으로 들
어오고 있었다. 한국 기관들의 투자규모가 급증하자 글로벌 뱅크들은
한국 세일즈를 담당할 직원을 뽑는 데 혈안이 되어 있었다. 부임한 지
한 달도 되지 않아 스카우트 제의 전화가 필자에게 걸려 왔다.

"프랑스계 은행에서 한국 데스크를 담당할 직원을 찾고 있는데 당
신이 적임자인 것 같아 연락했습니다."

"관심 없습니다. 저는 이 법인에 온 지 한 달밖에 되지 않았습니다."

필자는 고민하지 않고 곧바로 거절의사를 밝혔다.

'홍콩에 온 지 한 달도 안 된 사람을 스카우트하려고 하다니 도대체
정신이 있는 사람들인가?'

이해가 가지 않았다. 동시에 홍콩에서 불고 있는 한국 기관들의 투
자 붐이 심상치 않음을 체감할 수 있었다.

필자의 역할은 은행의 홍콩 현지법인에서 증권투자 및 자금관리를
하는 것이었다. 94년부터 이어지는 동남아시아의 호황은 계속되었
다. 다행히 주식은 꾸준히 상승했고, 수많은 동남아시아의 기업들이
채권 발행을 통해 홍콩 시장에 데뷔했다. 유통시장에서는 주식, 채권
을 거래하여 매매 수익이 쌓였고, 발행시장에서는 동남아 기업들의
발행 주선을 해서 수수료가 차곡차곡 쌓였다.

* * *

필자가 SBCSwiss Banking Corporation와 공동 주선한 홍콩 리갈호텔Regal Hotel채권의 서명식이 있었다. 필자는 법인 대표를 모시고 홍콩 코스웨이베이의 리갈호텔에서 서명식을 하고 있는 그 순간, 방콕과 베이징에서는 대출 담당직원들이 각각 다른 신디케이티드론의 서명식을 하고 있었다. 하루에 아시아 3국에서 수수료가 동시에 들어오는 날이었다.

너무나 행복한 시간이었다. 회사의 이익은 착실하게 쌓이고 있었고 직원들의 얼굴에서는 웃음이 떠나지 않았고 이 행복이 영원히 지속되기를 기원하였다. 아무도 불과 1년 후 재앙이 다가올 것이라고 예상하지 않았다.

1996년 결산 결과, 법인의 사상 최대 이익 달성을 축하하는 열기가 식기도 전에 한국에서 심상치 않은 소식이 전해졌다.

'한보철강 재무상태 심각'

서명식Signing Ceremony
채권, 대출 등 장기자금 공여에 대한 계약 당사자인 금융기관, 차주借主가 모여서 계약에 대한 서명행위를 하는 의식. 계약 성사를 축하하고 언론에 공표한다는 의미가 있고, 변호사가 입회함으로써 계약의 법률적 타당성을 입증하는 행위이기도 하다.

많은 외국인들이 한보철강 상황을 문의했다.

"한보철강은 국가 기간산업을 영위하는 기업이기 때문에 쉽게 무너지지 않습니다. 지금 어렵지만 정부의 지원으로 정상화될 수 있습니다."

지금 생각하면 부끄러운 답변이지만 당시에는 그렇게 대답할 수밖에 없었다. 사실은 그렇게 되기를 바랄 뿐이었다. 그러나 바람과는 달리 한보철강은 무너졌다.

'그래도 한국 경제는 문제없다. 한보철강 지배 구조의 문제일 뿐이다.'

솔직히 필자는 그렇게 생각했고 다른 사람들도 비슷했다.

▽ 1997년 2월

태국 바트화의 환율이 급등했다. 태국의 파이낸스 회사들(당시 한국의 종금사와 유사한 개념)의 재무상태가 심각해지면서 은행권으로까지 불똥이 튀었다. 은행들이 발행한 후순위채의 가격이 급락했다.

'태국 상황은 태국의 문제이다. 그리고 구조조정을 통해 태국 금융 기관들이 재정비될 것이다.'

많은 이코노미스트Economist와 애널리스트Analyst들은 그렇게 이야기하였고 필자도 그렇게 믿었다.

▽ 1997년 8월

달러당 2,500루피아Rupiah를 넘은 적이 없었던 인도네시아 통화의 환율이 3,000에 근접하였다. 지속적인 자기 확신으로 스스로를 달래던 필자의 마음속에 공포감이 자라기 시작했다. 그러나 그 공포의 실체를 알 수는 없었다. 한 번도 겪어 보지 않았기 때문이다.

그리고 서서히 공포를 거론하는 리포트가 나오기 시작했다. 그러나 그것도 시장 참여자들이 전적으로 공감하는 것은 아니었다. 필자의 마음속에서는 현 상황에 대한 의심이 자라기 시작했다.

'이것이 교과서에서나 보았던 시스템 리스크System Risk가 아닐까?'

의심은 스스로 성장하는 법. 며칠간 불면의 밤을 지낸 사이 의심은 확신으로 변해 있었다.

'무언가 액션을 취해야 한다. 지금 아무것도 안 하는 것은 딜러로서 책무를 다하지 않는 것이다.'

충혈된 눈으로 출근한 어느 날, 보유 중인 인도네시아 채권을 매각하였다. 대규모 손실이 발생했다.

"지금 동남아 상황이 심상치 않습니다. 제가 보기에는 시스템 리스크인 것 같습니다. 그래서 인도네시아 채권을 매각했습니다. 손실이 20만 불 발생했습니다."

대표실에 들어가 보고하는 필자는 차마 대표의 눈을 바라보지 못했다. 대표실 소파 너머로 펼쳐진 홍콩 애드미럴티Admiralty 앞바다의 숨막히게 아름다운 풍경이 뜬금없이 눈에 들어왔다.

"지금 뭐 하는 거야! 사전 보고도 없이 그렇게 거액의 손실을 내면

나보고 어쩌란 말이야!"

대표의 질책에 필자는 할 말이 없었다. 은행 조직의 성격상 거액의 손실이 나는 거래를 보고 없이 처리하는 것은 있을 수 없기 때문이다.

'보고를 했으면 허락을 안 하실 것 아닙니까? 전결에 문제가 없으니 그냥 제가 책임지면 되는 것 아닙니까?'

마음속으로 이렇게 이야기했지만 필자는 차마 내뱉지 못하고 고개만 떨구고 있었다.

"당신, 벤츠 두 대 날렸어!!!"

대표의 질책이 이어졌다. 필자는 가슴이 아팠다.

▽ 1997년 9월

금융시장의 불안정성은 증폭되고 있었다. 서울에서는 한보, 삼미, 기아 등 대기업들의 붕괴에 이어 종금사 문제가 수면 위로 올라왔다. 드디어 금융위기의 가능성을 일부 언론에서 언급하기 시작했다.

▽ 1997년 11월 초

노무라 증권의 딜링룸에는 수백 명의 딜러들이 거래를 하느라 분주했다. 런던의 고풍스러운 건물 안에 이런 최첨단 딜링룸이 있다는 것은 놀라운 일이었다. 필자는 예정되었던 방문 일정에 따라 노무라 증권 런던 법인의 딜링룸으로 갔다. 당초에 유럽시장 동향을 파악하고 노무라와의 협력방안을 논의하고자 간 것이었지만, 이제는 아시아 시장의 금융

불안에 대한 런던 투자자들의 동향을 파악하는 것이 목적이 되었다.

"산업은행 달러채권의 가격을 어떻게 예상하십니까?"

딜링룸 헤드가 필자에게 질문하였다. 당시 한국 정부가 발행한 달러채권이 없었기 때문에 산업은행 채권의 가격은 곧 한국 정부의 신용도를 나타내는 것이다. 즉 앞으로 한국 정부가 어떻게 될 것이냐의 질문이었다. 질문하는 사람의 표정은 이미 한국은 빠져나와야 하는 지역이라고 말하는 것 같았다. 필자는 깎아 놓은 밤톨같이 스마트하게 생긴 이 영국인에게 미묘한 굴욕감을 느끼며 말했다.

"한국이 지금 어려운 상황이지만 정부와 국민들이 대응하여 극복할 것입니다. 산업은행 채권 가격은 곧 회복할 것입니다."

필자는 그렇게 말할 수밖에 없었지만 상대방은 필자의 말을 신뢰하는 것 같지 않았고 몇 가지 예를 들어 투자자들의 우려를 언급하였다. 면담이 끝나고 밖으로 나오는데 11월 런던의 회색 하늘에서 몰아치는 차가운 바람이 필자의 얼굴을 때렸다.

'한국을 보는 글로벌 투자자들의 시각은 이미 부정적으로 굳어졌구나! 이제 한국은 어디로 가는 것인가?'

필자의 손발에서 모든 힘이 빠져나가는 것 같은 절망감이 느껴졌다. 그러나 그 순간에도 불과 한 달도 되지 않아 한국이 IMF 구제금융체제로 들어갈 것이라고는 예상하지 못하였다.

* * *

1997년 외환위기는 마치 쓰나미가 오듯 우리를 순식간에 덮치고 지나갔다. 당시 필자를 포함하여 국제금융을 담당했던 사람들은 대부분 외환위기가 진행되는 과정에서 그것의 실체를 파악하지 못했다는 게 솔직한 현실이었다. 특히 자산을 운용하는 사람들이 되돌아보고 싶은 것은 당시에 외환위기가 깊어지기 전에 운용자산을 보다 적극적으로 손절매하는 것이 가능한지의 여부였다.

개인이든 기관이든 투자과정에서 가장 어려워하는 부분은 투자대상과 투자시기에 대한 판단보다 손절매 여부를 판단하는 것이다. 특히 투자결정을 했던 운용자가 일정 시간 후 상황이 변화함에 따라 그 투자대상에 대해 손절매를 결정하는 것은 매우 어렵다. 그 이유는 다음과 같다.

첫째, 투자결정을 한 순간 그 운용자는 그 투자대상에 대해 어느 정도 애정을 가질 수밖에 없다. 이미 그 대상에 대해 편향bias을 가지게 되는 것이다. 그런 상태에서 어느 순간 자신의 생각을 뒤집는다는 것은 매우 어려운 일이다.

둘째, 또 다른 요인은 책임의 문제이다. 만약 손절매를 해서 손실을 실현시킨 이후 손절매 대상의 가격이 다시 상승한다면 운용자는 손절매에 대한 책임 문제에서 벗어날 수 없다는 게 현실이다. 손절매가 아무리 규정으로 정비되어 있다 해도 경영상의 판단에 대한 평가를 피할 수가 없다.

셋째, 투자대상의 가격 하락이 그 자체의 문제인지, 아니면 그 대상을 둘러싸고 있는 환경 또는 시스템의 문제인지 판단하기 어려운 경우가 많다. 즉 운용자는 투자대상에 문제가 없어서 곧 가격이 회복할 것이라 믿고 싶은데 시스템이 붕괴되면 가격회복은 요원해지고 더 하락할 수 있다. 이것이 운용자 입장에서 판단하기 어렵고 운용 결과에 큰 영향을 미치는 부분이다. 1997년 이후 부실화된 자산에 대해 실시된 감독당국의 수많은 검사 과정에서 나왔던 질문이 있다.

'97년 초부터 아시아 시장의 붕괴 조짐이 곳곳에서 나타나고 있었는데 왜 적극적으로 자금 회수를 하지 않았는가?'

'자금회수를 조금 더 적극적으로 했으면 외환위기에 따른 자산 부실화를 최소화할 수 있지 않았는가?'

이 당연한 질문 앞에서 그 어떤 정답이 가능할까? 그 어떤 그럴듯한 대답도 소 잃고 만든 외양간일 뿐이다. 그리고 소 잃고 만든 외양간 같은 변명이 무슨 실익이 있을까? 외환위기 후 지속된 스스로의 반성 끝에 필자가 깨달은 것이 있다.

'그럴듯한 변명을 고심하기보다 무너지는 과정에서 나타난 조직의 현실, 참여자들이 심리상태 등을 다시 면밀하게 기억해 보고 그 원인을 생각해 보자.'

97년 파국의 시작

우리가 모두 알고 있는 1997년 아시아 외환위기의 시점은 한국의 입장에서 볼 때 1997년 11월이다. 환율 상승과 외환보유액 고갈에 따른 경제 불안에 대응하기 위해 1997년 11월 21일 대한민국 정부가 국제통화기금International Monetary Fund에 구제금융을 신청했기 때문이다. 그러나 이 사건이 발생하기 전에 여러 가지 전조 증상이 시장에서 일어나고 있었다. 사람마다 의견이 다를 수 있지만, 필자는 한국의 외환위기의 시초는 1997년 1월 한보철강의 부도라고 본다. 이것은 당시 한국 경제의 취약점을 그대로 보여 준 사건이다.

물론 한보철강이 부도나기 전까지 절대로 부도로 가지 않고 정부의 지원으로 정상화될 수 있다는 의견이 많았다. 따라서 당시 상황이 한국의 IMF 구제금융신청이라는 비극의 예고편이라고 생각한 사람은 없었다. 한보철강이 부도나기 직전까지도 한보철강 부도설의 진원지를 조사하는 등 위기를 부정하는 자기확신만이 판을 치고 있었다. 비록 이 확신도 불과 며칠을 못 버티고 말았다(한보철강은 1997년 1월 23일에 최종 부도처리되었다).

당시 한보그룹 관련기사

서울지검 특수 1부(박주선 부장검사)는 15일 최근 특정 기업체를 상대로 한 증권가의 악성 루머에 국내 영업 중인 외국 증권사 등이 개입한 사실을 일부 확인, 구체적인 경위를 수사 중이다.

검찰은 악성 루머의 피해 당사자로 알려진 한보그룹 기획홍보실 노광선 차장 등 관계자들을 이날 오후 참고인 자격으로 소환, '한보 부도설' 등 근거 없는 루머의 유포 경위 등을 조사했다.

검찰은 노 씨로부터 "홍콩에 아시아 본부를 두고 있는 외국 B증권사 서울 지점과 국내 K증권사가 '한보철강의 경영난 악화' '부도 임박' 등 근거 없는 악의적인 루머를 증권가에 유포시킨 것으로 알고 있다"는 진술을 확보했다.

검찰은 이에 따라 B증권사와 K증권사의 관계자들을 금명간 소환, 한보철 강에 대한 악성루머 유포 여부 및 경위, 또 다른 유포자가 있는지 여부 등을 집중 조사할 방침이다.

검찰은 또한 한보 이외에 D기업 등 일부 기업체를 상대로 한 부도설의 진 원지에 대해서도 조사 중이다.

검찰은 "한보철강이 조만간 부도가 날 것이라는 루머가 유포된 지난 14일 이 기업의 주가가 430여 원 하락했음에도 50만 주가량 거래된 점 등 정황 에 비춰 치밀한 계획 아래 조직적으로 악성 루머가 유포되고 있는 것으로 보 고 있다.

출처: 연합뉴스(1997.1.15)

필자가 관찰한 두 번째 사건은 그해 2월 태국에서 발생했다. 당시 태국 은행들이 발행한 채권은 아시아채권 딜러들 사이에서는 인기 있 는 종목이었다. 태국의 경제성장 추이, 안정적인 뱅킹시스템, 나름 보수적인 외환관리 체제 등 성장성과 안정성을 겸비한 매력적인 투자 대상이었다.

그러나 1996년 말부터 태국 은행의 부실문제가 거론되기 시작했고 1997년 들어 안정적이던 태국 바트화 환율이 상승하기 시작했다. 태 국의 경우 주요 통화의 바스켓을 바탕으로 견고한 환율 운영을 해 왔

태국 바트 달러 대비 환율 변동
(1997.1~1997.12) USD/THB

데이터 출처: Reuters

는데 경제상황 악화로 바스켓을 유지하기 힘들다는 루머가 돌기 시작
했던 것이다. 또한 1997년 2월 태국 은행들이 발행한 후순위채 가격
이 2~3% 급락하면서 태국 경제에 대한 위기감이 고조되고 있었다(통
상 경제시스템에 대한 불안의 결과로 나타나는 현상은 환율변동으로 시작하
여 제1금융권이 발행한 후순위 채권의 가격하락, 은행 예금의 뱅크런 등의
순서로 이어진다).

   태국의 경우 최대 비은행 금융사인 Finance One이 부실화되어
1997년 3월, 결국 Thai Danu Bank와 합병되면서 태국의 제1금융권
에 대한 우려가 높아졌다. 그러나 이때에도 이런 상황이 아시아 전체
위기상황의 초기단계라고 생각한 사람은 거의 없었고 필자의 생각도
마찬가지였다. 시장은 어느 정도 진정이 되는 것처럼 보였고 이후 몇

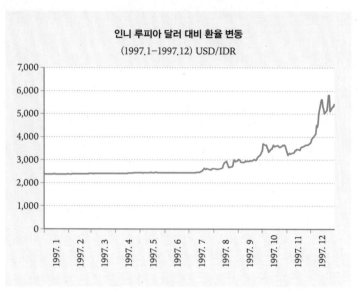

인니 루피아 달러 대비 환율 변동
(1997.1~1997.12) USD/IDR

데이터 출처: Reuters

달이 흘러갔다.

1997년 8월이 되자 인도네시아 시장이 흔들리기 시작했다. 일단 인도네시아 루피아 환율이 흔들렸고 그다음으로 인도네시아의 대표적인 기업들이 발행한 달러채권의 가격이 하락하기 시작했다. 그러나 당시 8월 중 환율이 종전에 비해 크게 흔들렸음에도 그것이 불과 몇 달 후에 있을 대재앙을 알려 주는 미미한 신호였다는 사실은 예견하기 어려웠다.

당시 필자가 홍콩에서 근무하면서 매입하여 보유하고 있던 인도네시아 채권 중 PT Astra International이 발행한 것이 있었다. PT Astra International은 당시 인도네시아의 가장 큰 자동차 생산기업의 모회사였다. 일본의 도요타에 기술적인 부분을 상당히 의존하고 있었지만, 국내 1위 기업이라는 지위와 인도네시아의 경제성장세를 바탕으로 상당히 인기 있는 채권 발행자였다. 필자도 그러한 배경을 바탕으로 해당 채권을 매입하여 보유 중이었다. 그리고 필자가 매입 의사결정을 했기 때문에 당연히 그 채권에 대한 신뢰와 애정을 가지고 있었다. 또한 투자를 통해 이익을 창출해야 하는 임무를 띠고 있는 필자가 가격이 하락한 채권의 손실을 확정한다는 것은 매우 힘든 일이었다.

필자는 97년 8월의 인도네시아 시장의 혼란을 어떻게 볼 것인가에 대한 고민에 빠지게 되었다. 왜냐하면 이때부터 소위 메이저 뱅크들의 리포트에서 아시아 시장의 위기 가능성에 대한 언급이 매우 조심스럽게 나오기 시작했기 때문이다. 필자는 97년 당시까지 나름 많은 경험을 했다고 자부했지만 큰 규모의 손절매를 결정한 경험이 없었기 때문에 이 상황을 어떻게 대처해야 하는지 혼란스러웠다.

'인도네시아가 과연 이 상황을 잘 버틸 수 있을까?'

'태국에 이어 혼란이 오는 것은 일종의 전염상황이 아닐까?'

'그렇지만 거액의 손절매를 실현한다고 하면 회사 입장에서 수용할 수 있을까?'

여러 가지 생각에 갈피를 못 잡고 있었던 필자의 마음속에 의심이 커지고 있었다.

'지금 상황이 혹시 시스템 리스크가 아닌가?'

마치 영화에서나 보았던 상상 속의 괴물이 다가오고 있는 것 같은 공포였다. 며칠 동안 밤잠을 못 자고 고민한 필자는 결단을 내렸다.

그 채권을 손절매한 것이다. 5백만 불 채권을 4% 손절매를 하였으니 20만 불의 매각손이었다. 문제는 이 의사결정을 당시 법인 대표와 사전에 상의하지 않고 전결에 따라 독단으로 했다는 것이다. 대표와 상의를 하면 실행하지 못할 것이라는 것을 알고 필자의 평소 성격과는 어울리지도 않게 거사를 실행한 것이다.

사실 회사의 손익을 총괄하는 대표의 입장에서 거액의 손실을 실현시킨다는 것에 동의하기는 매우 어려운 일이다. 아니, 당시의 은행 시스템에서는 거의 불가능한 일이었다. 당시 대표로 모셨던 분은 매우 합리적이고 스마트한 분으로 평소에 직원들에게 큰소리 한번 내지 않았다. 그래서 모든 직원들에게 신망이 아주 두터운 분이었다. 그런데 그런 분이 20만 불을 손절매했다는 보고를 받자 얼굴이 상기되고 호흡이 거칠어지면서 벤츠 두 대를 날렸다며 큰소리로 필자를 질타하였다. 그 순간 어린 생각에 섭섭한 마음이 앞선 것이 사실이지만, 시간이 지난 후 지금 생각해 보면 대표로서 얼마나 황당했을까 하는 생각이 들면서 죄송스럽기까지 하다.

* * *

손절매 후 97년 말로 가면서 아시아 외환위기는 더욱 깊어졌고 드디어 11월에 한국이 IMF 구제금융을 신청하면서 그 절정에 이른다. 그리고 그때가 되어서야 필자를 비롯한 많은 사람들이 아시아 전체의 위기라는 것을 깨닫는다. 당연히 PT Astra의 채권 가격은 계속 하락하여 50%대까지 갔다. 그리고 이 손절매에 대해 더 이상의 질타는 없었다. 만약 지금 다시 손절매 결정을 하라고 한다면 어떤 결정을 할지 필자도 알 수 없다. 그 정도로 어려운 일이다.

다만 많은 시간이 흐른 후 필자가 얻은 결론은 애초부터 이머징마켓 국가의 발행자가 발행한 달러채권은 본질적으로 큰 변동성을 갖고 있는 하이 리스크 채권이라는 점이다. 당시에 세계화 붐에 따라 해외 투자가 급속히 증가했지만 투자의 대상이 동남아 등 이머징마켓에 집중되면서 변동성에 노출될 수밖에 없었던 것이다. 즉 동남아 채권 시장을 움직이는 주요 세력은 미국, 영국 등 선진국의 큰손들인데 이들에게 동남아 시장은 전체 포트폴리오에서 일부분(하이일드 부분)에 지나지 않는다. 그래서 이 시장이 흔들릴 때 이 큰손들은 어느 정도 손실을 보고 빠져나갈 수 있는 것이다. 그러나 동남아에 집중 투자한 한국 기관들은 포트폴리오가 아닌 죽기살기 몰빵식의 투자를 했기 때문에 시장 변동 리스크를 앉은자리에서 몽땅 떠안을 수밖에 없었다.

결국 당시의 상황은 개별 딜러의 손절매 여부가 중요한 것이 아니라 투자 포트폴리오 전략에 문제가 있었다고 자책할 수밖에 없다. 세계화의 물결을 타고 황금 어장, 홍콩으로 몰려간 한국 금융기관들은 아시아 외환위기의 직격탄을 고스란히 맞을 수밖에 없는 구조였던 것이다. 그나마 외환위기 타격을 덜 받은 홍콩, 중국, 필리핀 등에 투자한 자산이 완충제 역할을 해 준 것은 다행이었다.

자산을 운용하는 기관이라면 손절매의 순간은 반드시 온다. 이때 올바른 행동을 하기 위해서는 손절매에 대한 명확한 인식을 가지고 있어야 한다.

첫째, 손절매는 철저하게 시스템적으로 결정되어야 한다. 개인의 판단에는 한계가 있을 수 있기에 사전에 정해진 시스템에 따라 손절매 타이밍, 한도 등이 원칙적으로 시행되어야 한다. 사실 손절매의 상황에서 나오는 가장 큰 문제는 조직의 심리적 상실감이다. 통상적으로 대규모 손절매의 순간에 조직의 구성원들은 이성보다는 감정에 휘둘리게 된다. 올바른 판단을 할 수 없는 상황이 되는 것이다.

둘째, 손절매를 어렵게 하는 근본적인 상황은 포트폴리오의 편중도이다. 특정 포지션의 비중이 지나치게 클 경우 그 포지션의 손절매는 과도한 타격을 주기 때문에 냉정한 판단을 하지 못하고 회복의 희망을 버리지 못하게 된다. 반복되는 이야기지만 외환위기 시절에 한국계 금융기관들의 피해가 컸던 이유는 포트폴리오가 이머징마켓, 그중에서도 동남아 및 한국에 편중되어 있었기 때문이다.

셋째, 손절매는 그 자체의 문제라기보다는 조직의 전체적인 투자 철학 및 경영방침의 일부가 되어야 한다. 즉 손절매에 대한 원칙과 규모가 조직의 경영시스템으로 존재하고 그것이 경영진에게 공유되어야 한다. 담당하는 딜러의 개인 기량에 의해 모든 것이 좌우되고 모든 책임을 딜러 한 명이 진다는 것은 있을 수 없는 일이다.

* * *

우리나라의 해외 증권 투자는 날로 성장하고 있다. 그만큼 리스크와 손절매의 가능성도 증가할 것으로 보인다. 그래서 해외 투자를 하는 모든 기관들은 손절매의 상황을 염두에 두어야 한다. 그리고 위기의 순간이 왔을 때 조직의 진정한 역량이 발휘될 수 있어야 한다.

2020년 코로나 바이러스로 인한 시장의 충격은 너무나 급작스럽고 강력한 것이기 때문에 많은 기관들은 손절매가 어려운 상황이다. 특히 투자기간이 장기인 연기금의 경우 일시적 충격에 의한 대규모 손절매 실행에는 매우 신중해질 수밖에 없다. 잔인한 금융의 시간은 금융인들에게 어려운 숙제를 던지고 있다.

연기금마저 손절매하나… 수익관리냐 시장관리냐

　(전략) 우려되는 점은 연기금의 손절매. 국민연금이나 각종 공제회 등은 자체 보유한 주식이나 운용사에 맡긴 자금이 일정 수준 이상 손실을 기록할 경우 위험 관리를 위해 자금을 회수하는 로스컷 기준을 두고 있습니다. 이미 시장 폭락으로 인해 상당수 주식이 로스컷 대상이 된 것으로 알려졌습니다. 다만 연기금은 로스컷을 유예하는 방법을 택하고 있습니다…(중략)… 2008년 금융위기 당시 국민연금은 국내 주식에서 -38% 수익률을 기록했는데 바로 다음 해인 2009년에 수익률 58%로 급반등하는 모습을 보인 바 있습니다. 하지만 증시급락이 지속될 경우 연기금과 공제회가 계속 버티긴 어렵다는 지적도 나옵니다. 노후 자금을 안전하게 굴려야 하는 만큼 손실을 계속 감내할 수 없기 때문입니다.

출처: 머니투데이방송(2020.3.23)

4 ------ "내 북 찾아 주시오!"——홍콩을 변화시킨 한국인들

필자는 2005년 2월 홍콩지점으로 발령을 받고 자금, 총무, 전산, 재무 등 지점 안살림을 맡아 매우 분주하게 시간을 보냈다. 1996년 홍콩법인 부임 이후 두 번째 홍콩 근무였다. 몇 달이 지나 어느 정도 업무적으로 안정이 되어 가는 중인 12월의 어느 날이었다. 방학을 맞아 서울에 다녀오려는 가족들을 공항에 바래다주고 필자는 밤늦게 집으로 돌아와서 홀로 집을 지키고 있었다. 그때 적막한 집안을 깨우는 다급한 전화 벨소리가 울렸다.

  "홍콩 총영사관인데 비상연락망을 보고 전화했습니다. 긴급상황이 발생하여 협조를 부탁하니 지금 빨리 총영사관 사무실로 나와 주시기 바랍니다!"

  필자는 무슨 일인지 영문도 모르고 다급히 택시를 잡아타고 총영사관으로 향했다. 총영사관은 필자가 근무하는 지점과 같은 건물인 센트럴 지역 소재 파이스트 파이낸스 센터Far East Finance Centre, 遠東金融中心 빌딩에 있었다. 택시가 코스웨이베이의 화려한 야경을 통과하여 센트럴로 진입하자 익숙한 황금색 빌딩이 눈에 들어왔다.

  '도대체 이 밤중에 무슨 일이기에 총영사관에서 긴급 호출을 한 것일까?'

매우 이례적인 상황에 필자는 불안한 마음을 안고 총영사관으로 들어갔다. 총영사관 회의실로 들어가니 홍콩 주재 한국계 은행과 상사 직원들이 열 명 정도 나와 있었다. 곧바로 총영사관 직원이 나와서 설명을 했다.

"한국에서 WTO(세계무역기구) 총회를 반대하는 대규모 농민시위대가 홍콩에 와서 시위를 벌이다가 홍콩 경찰에 체포되어 각 지역 파출소에 분산 수용되어 있습니다."

"그런데 체포된 인원이 많아 지역 파출소 수용에 한계가 있어 규모가 큰 수용시설로 오늘밤 이송하고자 하는데 홍콩 경찰 측에서 언어소통 및 이송을 위해 총영사관에 인력지원을 요청하였습니다."

"현재 지원인력을 보내야 하는 파출소가 많아 총영사관 인력으로 커버가 안 되니, 주요 기관 주재원 분들께 도움을 요청합니다."

필자는 조금 당혹스러웠지만 긴박한 상황에서 국가를 위해 기꺼이 지원한다는 마음을 먹고 세부적인 지시사항을 계속 들었다. 당시 한국에서 온 많은 수의 시위농민들은 홍콩의 각 지역 파출소에 분산 수용되어 있었는데, 이들을 홍콩 중심가에서 멀리 떨어진 췬완(홍콩 주룽반도 서북쪽 지역으로 홍콩섬 중심가에서 약 20킬로미터 정도 떨어진 외곽 지역)에 있는 대형 수련시설로 이송하여 집결시키는 것이 홍콩 경찰의 방침이었다. 이러한 방침은 시위대를 격리시키고 이들을 효율적으로 통제하기 위해서였다.

총영사관에 모인 사람들은 각자 배정받은 지역의 파출소를 향해서 움직였다. 필자는 마온산(홍콩 주룽반도 동부지역) 지역 파출소로 향했다. 밤 10시경이었다. 마온산 파출소에 도착하니 파출소 마당에 대형버스가 대기하고 있었다. 사무실로 들어가 경찰관에게 자초지종을 설명하니 잠시 기다리라고 한다. 잠시 후 경찰관이 30명 정도의 농민들을 데리고 나왔다. 모두 시위와 구금에 지친 표정이었다. 농민들을 보자 필자는 가슴이 먹먹했다.

'도대체 얼마나 억울했으면 홍콩까지 와서 시위를 하다 경찰에 붙잡혔을까?'

그러나 필자는 곧바로 정신을 차려야 했다. 이 사람들을 더 이상의 충돌이 없이 안전하게 이송하는 것이 내 임무라는 생각을 하니 긴장감이 몰려왔다. 시위대가 차례로 이송버스에 오르려고 하는 순간, 리더로 보이는 한 사람이 필자에게 말했다.

"내 북鼓 찾아 주시오!"

그 농민의 말인즉 시위에 사용하던 북이 있는데 홍콩 경찰에 붙잡혀 오는 과정에서 그 북을 잃어버렸으니 그것을 찾아야겠다는 것이다. 필자는 어떻게 대응할까 잠시 고민했으나 지금은 그럴 상황이 아니라며, 빨리 버스를 타고 지정된 장소로 이동해야 한다고 재촉했다. 그러자 그 사람이 비장한 표정으로 같이 이송되는 농민들을 향해 소리쳤다.

"지금 우리가 여기서 이대로 끌려갈 수는 없습니다! 농민가農民歌라도 부르며 저항합시다!"

큰소리로 시위를 유도하자 마온산 파출소 앞마당에 잠시 칠흑 같은 정적이 흐르면서 호송을 담당한 홍콩 경찰들의 눈빛에서 서늘한 긴장감이 돌았다. 물리적인 행동이 나온다면 어떤 일이 벌어질지 모르는 긴박한 상황이었다.

그 순간 필자는 어떻게 대응해야 할지 빨리 판단해야 했다. 사실 필자도 격변의 80년대에 학교를 다니고 사회생활을 하면서 수많은 시위를 경험하였다. 당시 진압경찰과 대치한 상태에서 시위노래를 부르는 것은 너무나 자연스러운 과정이었다.

'그러나 여기는 홍콩이다. 홍콩 경찰이 어떤 조직인가? 그 유명한 영국 경찰의 체제와 전통을 이어받아 공공질서 유지를 위해서 강력한 힘을 발휘하는 조직 아닌가? 그러한 홍콩 경찰의 근무지인 파출소 영내에서 시위가 발생한다는 것은 그들로서는 도저히 용납할 수 없을 것이다.'

2019년 이후 홍콩 시민들의 시위가 격화되면서 홍콩 경찰은 시민에게 실탄을 발사하는 등 강경진압을 하여 원성을 사고 있지만, 당시에는 시민들의 신뢰를 받는 강력한 조직이었다. 필자는 무슨 일이 있어도 이 시점에서 시위는 막아야 한다고 판단하고 시위대를 향해 목이 터져라 소리쳤다.

"여기는 홍콩 경찰의 영내이고 홍콩은 시위에 대해 한국처럼 관대하지 않습니다. 여기서 조금이라도 집단행동이 발생하면 총영사관에서도 여러분들의 안전을 보장할 수 없습니다."

본의 아니게 공무원을 사칭했지만 필자가 정색을 하고 목이 터져라 외친 것이 통했는지 시위대는 잠시 멈칫한 후 순순히 호송경찰 및 필자와 함께 버스에 올랐다. 버스가 밤길을 30분 정도 달려 췬완 수련장에 도착하는 내내 필자는 가슴을 졸였다.

'혹시 버스 안에서 어떤 집단행동으로 불상사가 발생하지는 않을까?'

다행히 더 이상의 소요는 없이 버스가 무사히 도착하여 농민들은 안전하게 수련장으로 들어갔다. 농민들의 애절한 심정을 받아주지 못한 미안한 마음이 있었지만 그들을 안전하게 인도하였다는 생각으로 스스로 위로하였다.

* * *

이것이 2005년 12월 홍콩 WTO 반대 한국 농민 시위사건이다. 필자는 역사적 현장에서 사건의 진행을 직접 경험한 것이다. 당시 한국 농민시위대의 활동은 홍콩 시민들에게는 충격적이었다. 한국에서 여러 항공편으로 홍콩에 들어온 엄청난 규모의 시위대가 WTO 총회가 개최되는 홍콩섬 완차이의 익지비션 센터exhibition center를 중심으로 집결했다. 안 그래도 총회 기간 중 최고 수준의 긴장상태를 유지하고 있었던 완차이 지역에서 시위가 발행한 것이다. 필자가 주변을 지나가면서 보니, 시위대가 경찰과 대치 중에 맨손으로 거리의 보도블럭을 뜯어서 짱돌을 만들고 철제 펜스를 해체하여 몽둥이를 만드는 등, 시위용품을 현지에서 즉석 제조하며 홍콩 경찰과 대치하고 있었다. 한 번도 경험해 보지 못한 신출귀몰한 시위대의 행동에 경찰들은 당황하다가 최루탄을 발사했지만 최루탄에 굴복할 시위대가 아니었다. 끝까지 저항하던 시위대가 체포 직전의 상황이 되자 스스로 완차이 앞바다에 몸을 던지면서 시위는 최고조에 이르렀다.

당시 시위대는 완차이 시위 이후 센트럴 지역으로 이동하여 총영사관을 점거하기 위해 건물에 진입을 시도했다. 홍콩 경찰은 총영사관 건물의 출입구 및 엘리베이터를 봉쇄하여 시위대의 진입을 저지하였다. 총영사관 건물 앞에서 시위대와 홍콩 경찰은 대치상태로 들어가면서 일촉즉발의 긴장감이 돌았다. 홍콩 경찰은 건물 내 모든 인원의 신속한 대피를 명령하여 같은 건물 32층에 근무하던 필자를 비롯한 지점 직원들은 계단으로 걸어 내려와 가까스로 건물을 빠져나올 수 있었다. 이러한 상황은 홍콩 시민들을 충격에 빠뜨리게 하였다. 당시까지 그들의 역사에서 시민들이 공권력에 저항하여 자신의 주장을 행동으로 보여 주는 경우가 드물게 있었지만 이처럼 조직적이고 강력하게, 그리고 몸을 사리지 않고 저항하는 사례는 찾기 힘들었기 때문이다.

홍콩의 주요 시위 사건(2005년 이전)

1966년 스타페리 요금 인상에 저항

1967년 모택동 지지자들의 시위

1973년 교사 봉급 삭감에 대해 교사연합 저항

1978년 학내 좌파 학생 탄압에 대한 저항

1989년 천안문 사태에 대한 시민 저항

2003년 사회안전법 제정에 대한 저항

출처: South China Morning Post

시위 발생 초기에는 현지 언론들이 홍콩 시내를 혼란에 빠트린 시위대에 대해 비난 일색이었다. 그리고 한국에서도 일부 언론들은 농민들이 홍콩에서 집단행동을 하여 국제망신을 당하고 있다고 보도하였다. 그런 상황이다 보니 필자와 같은 주재원이나 교민 등 홍콩에 상주하는 한국인들은 시위대의 행동이 한국 사람들에 대한 이미지를 실추시킬까 걱정할 수밖에 없었다.

하지만 시위 도중 홍콩 시민들을 더욱 놀라게 하는 일이 벌어졌다. 농민시위대가 완차이 중심가를 일렬로 행진하면서 줄을 맞추어 도로에서 무릎을 꿇고 절을 하는 삼보일배 행진을 한 것이다. 시위가 폭력적으로 비쳐지는 것을 우려해서인지 시위대는 평화적인 모습을 보여주려고 노력했다. 현지 방송국에서는 이 장면을 생중계했고, 홍콩 시민들은 한 번도 보지 못한 광경에 어리둥절해하면서도 조금씩 시위대의 주장에 귀를 기울이는 분위기가 조성되었다. 삼보일배 행진 이후 홍콩의 여론은 조금씩 변했다. 그리고 이 사건으로 인해 홍콩에 매우 중대한 변화가 일어날 것이라고 당시에는 아무도 예견하지 못했다. 바로 홍콩에서의 시민의식의 변화였다. 홍콩 시민의 의식변화를 언급하기 위해서는 근세 이후 홍콩의 심리적 변화를 살펴볼 필요가 있다.

* * *

역사적으로 홍콩은 1898년부터 99년간 영국의 지배를 받았다. 그리고 1997년 영국은 지배권을 중국에 반환하고 홍콩을 떠났다. 반환 당시 필자는 홍콩에 근무하고 있어 반환 전후의 홍콩 시민들의 의식과 사회 분위기를 직접 체험할 수 있었다. 필자가 처음 의아하게 생각한 것은 영국에 대한 홍콩 시민들의 인식이 상당히 우호적이라는 것이다. 필자가 한국인으로서 일본과 한국의 관계로 대입해 볼 때 절대로 이해하기 어려운 점이었다. 상황이 이렇다 보니 97년 중국으로의 반환 당시 홍콩 시민들은 집단적인 불안감과 우울증을 보일 정도로 중국에 대한 거부감을 드러냈다. 상당수 시민들이 캐나다로 이민을 떠나는 등 홍콩의 미래를 암울하게 보는 사람들이 많았다.

1997년 6월 30일, 어둠이 깔리는 시간. 홍콩 애드미럴티의 워터프론트(홍콩섬 센트럴 지역 입구에 있는 바다를 매립한 공터)에서 영국 해군이 중국 인민해방군에게 홍콩의 지배권을 반환하는 행사가 개최되었다. 워터프론트를 내려다보는 황금색 건물 안 사무실에서 필자는 이 역사적 장면을 보았다. 절묘하게도 바로 그 시간에 꽤 많은 비가 쏟아졌고 행사를 같이 지켜보던 홍콩인 직원들은 하늘도 울고 있다고 눈물을 글썽이며 말했다.

이렇게 홍콩 시민들은 마음속에 불안과 불만을 안고 중국을 맞이하고 있었다. 그러나 반환 이후 홍콩인들은 그러한 불만을 표출하지 못하였다. 오랜 식민지배를 거치며 정치적 의사표시에 소극적이거나 무관심하게 되었기 때문이다. 이렇게 잊힌 정치적 본능을 상기시킨 것이 한국 시위대의 WTO 반대 시위사건이었다. 한국 농민들의 완차이 삼보일배 행진 이후 홍콩 언론의 기조가 조금씩 변화함과 동시에 홍콩 젊은이들 사이에서 자성의 목소리가 나오기 시작했다.

'왜, 우리는 우리의 권리를 지키기 위해 이렇게 강력한 행동으로 나서지 못했는가?'

권력에 저항하여 민주주의를 쟁취한 역사가 있는 한국 사람들이 펼치는 강력한 시위 문화를 보면서 홍콩 시민들은 깊은 감명을 받은 것이다.

그 후 9년의 세월이 흘러 2014년 조슈아 웡이라는 17세의 어린 학생이 홍콩 행정장관 선거안에 반대하는 노랑우산혁명을 주도하였다. 이 시위가 홍콩 시민들의 지지를 받았던 이유는 2005년 한국 농민시위를 경험한 홍콩의 젊은이들 사이에 정치적 자주성을 가지고 이것을 행동으로 보여 주자는 자각이 시작되었기 때문이다. 노랑우산혁명은 '센트럴을 점령하라occupy central'는 구호 아래 수십만 명의 시민들을 홍콩 섬의 중심인 센트럴로 집결시켰다.

그 후 5년이 지난 2019년 6월 「범죄인 인도협약」, 일명 송환법의 입법을 앞두고 이를 반대하는 홍콩 시민들이 다시 들고 일어났다. 사상 초유의 홍콩 시민들의 집단행동에 중국 정부는 당황했고 한 번 일어난 불씨는 꺼지지 않고 계속 타오르고 있다. 이는 2014년 우산혁명에 이어 제2의 우산혁명이라고 불려지고 있다. 2019년 시위는 2014년과 달리 홍콩 주재 중국 연락판공실連絡辦公室을 시위대가 직접 공격하는 등 보다 과격한 양상을 보였다. 상황이 이렇게 흐르자 중국 본토에서는 비상계엄을 준비하고 있다는 보도가 나왔고, 시위대를 공격하는 백색테러(중국 정부의 지원을 받는 것으로 의심하는 사람들도 있다)가 시작되면서 홍콩의 상황은 보다 심각해졌다. 급기야 2020년 6월 30일 중국 전국인민대표회의(전인대) 상무위원회는 홍콩 국가보안법을 만장일치로 통과시켜, 시위 주도자를 최고 무기징역에 처할 수 있는 근거를 마련하였다.

이렇게 홍콩에서 일어난 변화는 중국에 어려운 과제를 안겨주고 있다. 시위에 참여 중인 시민들은 2005년의 한국 농민시위대의 영향력을 이야기하고 있다. 반면에 당시의 홍콩 경찰의 문제를 지적하며 강력한 대응을 촉구하는 의견도 있지만, 한 나라(한국)의 평범한 국민들(농민)이 다른 나라(홍콩) 시민들의 의식을 일깨워 준 것이다. 한국은 주요 개발도상국 중 매우 이례적으로 스스로 민주화를 이룩한 나라이다. 이러한 성과를 이루는 과정에서 현대사의 중요한 시점마다 나타난 시민의식이 한국의 역사뿐 아니라 홍콩의 역사까지 바꾸고 있는 것이다.

2005년 WTO 한국 농민시위에 대한 홍콩의 시각

2014년 이후 홍콩 시민들의 저항 운동이 격화되자 한국 농민시위 사건이 홍콩에 미친 영향에 대한 보도가 속속 나오고 있다. 홍콩 입법회(한국의 국회)의 렁쿽홍梁國雄 의원은 "2005년 홍콩에서 열린 WTO 각료회의에서 당시 한국 농민들의 원정 시위에서 투쟁방식을 배웠다. 한국 국민은 강력한 독재정권을 투쟁으로 물리쳤다"고 말했다.

연합뉴스 인터뷰(2014.10.7)

시위 과정에서 (경찰에게) 테러를 당한 시위 지도자 지미 샴은 "…(전략)… 2000년대 초반에 WTO 반대운동을 하던 한국 농민들이 홍콩에서 반대 시위를 할 때 한국 농민운동에 큰 감명을 받았다"…(후략)

YTN 라디오, '이동형의 뉴스정면 승부'(2019.10.17)

시위대의 선봉에 선 한 홍콩대학 학생은 "2005년 12월 WTO 회의장 밖에서 경찰과 충돌한 한국 농민들이 사용한 기법을 연구하고 있다"고 말했다. 시위 이전에는 한국의 pop문화가 홍콩인들의 일상에 중요한 부분이었지만 지금은 한국의 시위 문화가 영감을 주고 있다.

Nikkei Asian Review(2019.11.29)

(지금) 홍콩의 혼란은 2005년 WTO 회의 당시 도시를 대치상태로 몰고 간 한국 농민들을 (경찰이) 성공적으로 제압하지 못한 것에 기인한다. 1,000명이 붙잡혔는데 14명만이 기소되었고 누구도 유죄 선고를 받지 않았다. 이러한 유약한 접근이 홍콩 경찰의 권위를 손상시켰다.

South China Morning Post 독자 의견(2019.12.26)

그동안 홍콩은 아시아를 대표하는 국제금융센터로 발전할 수 있었다. 그 요인 중 가장 중요한 것은 영국이 지배하던 시기에 구축된 정치적 안정성과 지배구조의 견실함(청렴성과 신뢰성)을 바탕으로 하는 친기업적인 노동환경이라고 생각한다. 1997년 중국으로의 지배권 반환 이후 홍콩의 지위에 대한 우려가 있었지만, 중국 정부의 전폭적인 지원으로 오히려 홍콩의 국제금융중심지로서의 지위는 강화되었다.

그러나 노랑우산혁명과 같은 홍콩 체제에 대한 불신과 항거가 해소되지 않는다면 현재 누리고 있는 국제금융중심지로서의 지위는 심각하게 흔들릴 것이다. 중국의 입장에서 보면 홍콩의 민주화가 본토의 체제를 위태롭게 하는 계기가 될 수 있기 때문에 쉽게 타협할 수도 없는 문제이다.

홍콩에 대한 중국 정부의 계획

중국 정부는 홍콩의 주권 반환을 전후하여 특혜정책들을 내놓았고 이것이 홍콩 금융시장 발전에 결정적인 기여를 함.

• 1993년 H주(중국 본토기업주식)의 상장·거래를 홍콩에 최초로 허용하고, 2004년에는 홍콩 금융기관들에 대한 위안화 업무를 인가했으며, 2007년 홍콩에서 위안화 표시 채권 발행을 허가하는 등의 정책을 시행함.

홍콩 금융당국HKMA이 발간한 2006년 연례보고서에는 홍콩이 세계금융센터로 발전하기 위하여 중국 대륙과의 긴밀한 협력이 중요하다는 인식이 그대로 반영되어 있으며, 이를 위하여 홍콩을 중국의 국제금융센터로 자리매김하는 '1-3-5 청사진(1-3-5 blueprint)'을 제시하고 있으며 구체적인 내용은 다음과 같음.

• 1은 One-positioning으로 중국이 홍콩을 글로벌 시장으로 확대해 나가는 금융업무의 중심으로서 포지셔닝하도록 함.

• 3은 Three-dimension으로 홍콩과 중국 사이에 상호보완적이고, 협조적이며 상호작용적인 금융시스템을 건설함.

• 5는 Five-areas로 금융협력을 실행할 구체적인 5가지 실천분야로서 홍콩의 금융상품이 중국에 확대판매되고, 홍콩을 통한 중국의 투자자, 펀드레이저, 금융기관 및 금융상품의 해외 이동이 확대되며, 홍콩 금융상품의 중국 내 거래가 허용되고, 홍콩에서 위안화로 표시된 금융거래가 증가하며, 홍콩과 중국 간의 금융인프라 연계를 더욱 공고하게 하는 것 등임.

출처: 여지나, "국제금융중심지로서의 홍콩의 현황과 시사점", 「지역경제포커스」 07-14호, 대외경제정책연구원, 2007. 8.

앞으로 홍콩은 상황이 어떻게 전개될까? 지금까지 중국 정부의 대응은 강경하다. 시위대의 요구를 들어주는 해피엔딩은 없을 것 같다. 그렇다면 중국은 홍콩의 가치를 완전히 포기한 것일까?

혹자는 중국 경제규모에 대비한 홍콩의 비중이 반환 당시는 상당한 규모였으나 지금은 미미한 수준에 불과하기 때문에 홍콩이 완전히 초토화된다 해도 중국에 큰 문제는 없을 것이라고 말한다. 따라서 중국이 홍콩의 경제적 가치를 포기하고 지배권을 강화하는 데 주력할 것이라고 예상한다.

필자의 예상은 이렇다. 중국이 확실하게 지배하는 새로운 홍콩이 만들어질 것이다. 즉 더 이상 정치적 요구가 나오지 않게 통제한 후 종전의 국제금융센터로서의 기능을 재개할 것이다. 왜냐하면 홍콩은 중국의 국제금융에 대한 패권을 실현시키는 데 꼭 필요한 수단이기

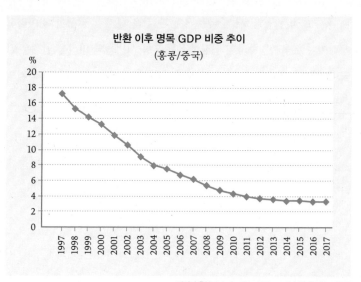

반환 이후 명목 GDP 비중 추이
(홍콩/중국)

데이터 출처: international Financial Statistics- IMF

때문이다. 후술할 국제금융에 대한 중국의 두 개의 마음(금융시장의 보호와 개방)을 충족시키는 현실적 대안이 홍콩이다. 즉 본토의 금융시장에 대한 통제를 유지하면서 홍콩을 통하여 위안화의 국제화 등 국제금융시장에서의 위상을 높이는 것이 중국의 장기적인 전략이다. 중국이 국제금융시장에서 미국에 대적하는 힘을 키우고자 하는 의지를 가지고 있다면 홍콩의 역할을 버리는 일은 없을 것이다.

* * *

아시아 최고의 국제금융중심지로서 그 입지를 공고히 하던 홍콩이 지금까지 볼 수 없었던 심각한 위기를 맞고 있다. 1997년 영국으로부터 홍콩을 반환받을 때 중국은 지금과 같은 문제가 발생할 것이라고 생각이나 했을까? 중국의 입장에서는 홍콩 시민들의 의식을 일깨운 한국이 원망스러울 수도 있을 것 같다. 필자는 젊은 시절 성취와 좌절의 추억이 진하게 남아 있는 홍콩의 상황이 아쉽고 아플 뿐이다.

5 ----- AML과 미국의 힘—국제금융시장의 질서를 만드는 자

필자가 근무하는 은행의 홍콩지점 사무실에 홍콩 금융감독당국인 HKMAHong Kong Monetary Authority에서 전문이 왔다. 내용인즉 며칠 뒤 홍콩 주재 미국 영사관에서 하는 자금세탁방지AML, Anti-Money Laundering 교육을 받으러 아침부터 오라는 것이다. 필자는 조금 당혹스러웠다.

'아무리 AML이 큰 이슈라 해도 홍콩도 엄연히 주권국인데 남의 나라 영사관까지 가서 남의 나라 사람들에게 교육을 받으라니!'

만약 한국의 금융감독원이 감독 대상기관의 직원들에게 미국 대사관에 가서 교육을 받으라고 한다면 각 언론이고 시민단체들이고 금융주권을 상실하는 행동이라며 엄청난 비난을 쏟아 낼 것이다. 물론 지금처럼 미중 관계가 악화된 상황이었으면 홍콩에서도 있을 수 없는 일이지만, 그때는 'HKMA가 가라면 가고 오라면 와야지 별수 있나'라는 생각이었다. 어느 나라에서나 금융기관에게 금융감독당국의 존재는 중요하지만 특히 외국 금융기관들에게 해당국의 금융감독당국은 절대적이다.

약속된 날 아침 이른 시간에 미국 영사관으로 갔다. 홍콩 주재 미국 영사관은 금융기관들이 밀집한 센트럴 지역에서 피크peak라고 불리는 산으로 올라가는 길 초입에 있었다. 서울로 치면 남대문에서 남산으로 올라가는 힐튼 호텔 정도의 위치라 할 수 있다. 지점에서 가까운 거리에 위치하였기에 필자는 터벅터벅 걸어서 미국 영사관으로 갔다. 매우 불친절하게 보이는 경비들에게 몇 번의 신분 확인을 거치고 철창같이 생긴 회전철문을 지나 지정된 회의실로 들어갔다. 회의실에는 홍콩에서 영업을 하는 각국의 은행에서 온 뱅커들이 20명 정도 모여 있었다. 한국계 은행에서는 필자가 유일하게 참석한 것으로 보아 당시 국가별로 규모가 가장 큰 은행을 대표로 호출한 것 같았다. 뱅커들의 웅성거림이 조용해질 무렵 놀라운 일이 벌어졌다. 워싱턴에 있는 AML 담당 고위직 인사(미 연방수사국 고위 인사로 기억된다)와 실시간 화상회의를 통해 교육을 진행하겠다는 것이다.

'이제 미국이 주요 금융중심지의 은행원들을 직접 교육시키는구나!'

필자는 이 장면이 매우 어색하고 이례적으로 느껴졌다. 어떤 나라이건 자기 영토에 소재한 금융기관을 감독, 교육하는 것은 금융주권의 핵심적인 요소이다. 따라서 아무리 국제적으로 합의된 규제사항도 금융기관에게 구체적으로 실행시키는 권한은 해당 국가의 금융당국이 가지고 있다. 교육의 효과를 위해 미국의 당국자가 직접 교육을 한다고 해도 홍콩 감독당국의 주관하에 실시하는 것이 필자의 상식이었다. 미국 영사관에서 미국인이 교육을 한다는 것은 미국이 다른 나라에서 금융감독권한을 행사한다는 의미이다. 9·11테러로 인한 AML의 중대성을 감안하면 미국의 입장이 이해될 수도 있지만, 미국의 이러한 방식은 국제금융시장에서 자신의 힘을 보여 주는 하나의 사례라고 필자는 생각했다.

AML은 Anti-Money Laundering, 자금세탁방지의 약자이다. 불법적인 활동을 통한 수익창출 과정을 방지하기 위해 만들어진 절차, 법률, 규제를 지칭한다.

이러한 개념은 1989년 Financial Action Task Force라는 국제기구가 발족하면서 공식적으로 시장에 나오게 된다. 당시에는 이 개념이 향후 시장과 금융기관들에게 얼마나 큰 영향을 미치게 될 것인지 예측하기 쉽지 않았으나, 이 개념의 도입에 따른 파장은 현 시점에 이르러 심각해졌고 앞으로는 더욱 심각해질 것으로 예상된다.

필자가 은행 생활을 시작한 1987년 이후 상당 기간 동안 AML의 개념은 한국을 포함한 전 세계 은행들에게는 큰 이슈가 되지 않았다. 제도 정착에 많은 시간이 필요한 것이 현실적인 이유였지만, 보다 근본적인 것은 시장 참여자들의 인식일 것이다. 과거에는 없던 제도와 규제를 새롭게 도입하고 그것이 실질적으로 작동하기 위해서는 시장 참여자들의 공감이 필요하다. 규제의 필요성에 대한 공감과 합의가 있을 때 비로소 규제가 작동할 수 있다. 이 제도는 그러한 분위기를 조성하면서 점차 구체화되어 갔다. AML이 본격적으로 힘을 받게 되는 기폭제는 2001년에 발생한 9 · 11테러 사건인데, 이 사건으로 AML은 급속한 공감을 얻고 구체적인 규제로 발전했다. 테러에 사용된 자금이 자금세탁을 거쳐 모아진 탓에 AML은 테러 방지를 위해서는 반드시 필요하다는 인식이 확산된 것이다.

필자가 외환은행 홍콩지점에서 근무하기 시작한 2005년경, AML의 개념은 금융감독 체계 안으로 빠르게 스며들어 구체화되고 있었다. 홍콩의 금융감독기관 HKMA는 금융감독 이슈의 트렌드에서는 가장 앞서가는 기관이었다. 금융이 홍콩 경제의 가장 중요한 산업이라는 인식하에 금융안정은 홍콩이 절대적으로 고수해야 하는 가치였다. 따라서 홍콩의 금융당국은 전 세계 어느 금융당국보다 엄격하고 가장 최신의 금융규제를 유지하고자 했다.

2001년 9·11테러 사건 이후 제기된 AML의 제도화에 홍콩 금융당국은 전향적인 태도로 미국 금융감독당국과 긴밀한 관계를 유지하며 각종 규제를 도입하였다. 당시 컴플라이언스를 담당했던 필자의 기억에 거의 매일 쏟아지는 HKMA의 산더미 같은 서큘러Circular(HKMA는 각종 금융감독제도 변경을 공문과 이메일로 금융기관에 통보하는데 이를 Circular라고 지칭했다)에 파묻혀 밤잠을 설치며 살았다. 그리고 컴플라이언스를 담당한 뱅커들에 대한 교육이 이어졌다. 필자는 HKMA의 프로그램에 따라 홍콩 경찰청 등을 출입하며 교육을 받기도 했다.

그 당시는 국제금융시장에서 AML 규제시스템이 급속도로 정비되어 가는 시기였다. 필자도 감독당국이 요구하는 사항을 준수하기 위해 사방팔방으로 뛰어다니며 분주했던 시간이었다. 게다가 AML 시스템 구축에서 홍콩이 워낙 앞서가다 보니 서울 본점의 컴플라이언스 담당자가 필자에게 문의를 할 정도였다. AML 규제에 대해 금융기관이 직면하는 현실적인 문제는 감독당국이 요구하는 수준의 시스템을 구축하기 위한 비용이었다. 이러한 시스템은 기관의 규모와 상관없이 기본적으로 갖추어야 하는 사항을 충족시켜야 하기 때문에 기관의 규모가 작을 경우 손익에 치명적인 영향을 미치게 된다. 그러한 문제가 발생한 전형적인 사례가 국내 금융기관의 해외 네트워크이다. 예컨대 국내 A은행의 뉴욕지점의 연간 이익이 500만 불 정도인데 감독기관이 요구하는 AML 시스템 구축비용으로 천만 불이 들어가고 인건비 등 연간 유지비가 400만 불씩 들어간다고 하면, A은행은 뉴욕지점을 계속 유지해야 할지 고민하게 될 것이다.

* * *

이와 같이 AML 감독 이슈에 따른 금융기관의 비용 부담은 이제 중요한 경영 이슈가 되었다. 그러나 필자가 홍콩지점에 근무하던 2005년, 지금이라면 어림도 없는 이야기지만 당시만 해도 각종 시스템이 도입되는 초기 단계여서 감독당국의 요구 사항을 어떻게든 모면하여 비용지출을 막아 보려고 몸부림을 치기도 했다. 그때 당시 HKMA의 중요한 요구사항이 있었다. 자금 세탁 방지를 위해 매월 정기적으로 발표되는 PEPPolitically Exposed Person(AML에 연루될 가능성이 높은, 정치적 주요 인물로 주의해야 하는 인물) 리스트에 있는 사람과 은행의 거래 여부를 주기적으로 확인해 달라는 요구였다. 즉 은행의 전산시스템과 PEP 리스트를 연결하여 계좌 보유 여부를 체크하고 이를 보고하라는 뜻이었다. PEP 리스트의 양이 엄청나기 때문에 수작업으로 계좌 보유 여부를 판단하는 것은 불가능하고 프로그램을 구입해서 전산시스템에 연결해야 한다고 HKMA는 권고하였다. 그러나 시중에 판매되는 프로그램의 구매비용이 40만 달러 정도이고, 해마다 내야 하는 유지비용도 상당히 들어간다고 했다. 지금 AML 관련 각국의 감독당국(특히 미국의)이 요구하는 투자규모를 생각하면 매우 미미한 금액이지만 그 당시 일개 해외 지점으로서는 부담이 되는 큰 금액이었다.

'은행이 해외 지점 한 곳에 갑자기 40만 불을 시스템에 투자하라니

이게 가능한 일인가?'

현재 국내 은행 및 글로벌 은행들이 AML 이슈로 인해 지불하는 엄청난 규모의 비용과 벌금을 생각하면 말도 안 되는 것을 고민한 셈이었다. 어쨌든 이 문제를 해결하지 않으면 컴플라이언스 위배로 HKMA의 서슬 퍼런 검사에서 지적을 받을 상황이었다. 필자는 며칠 밤을 뒤척이며 고민을 거듭하다가 문득 묘안이 떠올랐다.

'지금 필요한 것은 PEP 리스트에 있는 이름과 일치하는 이름의 계좌를 우리 지점이 보유하고 있는지를 확인하는 것 아닌가?'

'어떤 형태든 그 작업을 수행하고 그 결과를 감독당국에 보고하면 되는 것 아닌가?'

필자는 인터넷에서 공개되는 PEP 리스트와 지점의 계좌명 리스트를 데이터로 전환하여 두 개의 데이터를 1대 1로 비교하면 되지 않을까 생각했다. 그래서 당시 컴퓨터를 잘 다루는 현지직원과 같이 작업을 하여 두 개의 데이터를 엑셀 파일로 변환하고 그것을 매크로 프로그램으로 돌려서 일치하는 데이터를 찾는 구조를 만들어 보았다. 그리고 40만 불이 필요한 프로그램을 단 몇 시간 만에 PC로 만드는 데 성공했다. 필자는 뛸 듯이 기뻤지만, 또 하나의 고민이 생겼다. 과연 이러한 처리 방식을 HKMA가 인정해 줄 것인지 궁금했다. 그래도 필자는 이러한 상황을 내부적으로 보고하고 PC로 실행한 PEP 리스트 체크 과정과 그 결과를 정리하여 HKMA에 승인을 신청하였다. 며칠 뒤 HKMA로부터 회신이 왔다. 필자가 개발한 업무처리 방식을 인정해 주겠다는 것이다. 눈물이 나도록 고마웠다. 그리고 HKMA의 합리적 판단에 경의를 표하지 않을 수 없었다. 당시 엄청난 투자와 사후 관리 부담을 안겨 줄 수 있는 골칫거리가 매우 간단한 방법으로 해결된 것이다. 생각해 보면 임기응변의 매우 어설픈 해결책이었지만 나름 현실적인 방식으로 문제를 해결한 것 같다.

그러나 지금은 그런 방식으로 문제를 해결할 수 있는 상황이 아니다. AML 이슈가 각국의 금융기관에게 엄청난 비용과 리스크를 안겨주고 있다.

유수의 유럽계 금융기관들은 더욱 심각하다. 프랑스 최대은행인 BNP Paribas의 경우 쿠바, 이란, 수단 등 제재 국가와 거래를 사유로 2015년 미국 당국에게 89억 불(약 9조 원)의 벌금을 내기로 합의하였고, 덴마크의 최대은행인 Danske Bank는 에스토니아Estonia 지점이 2008년부터 2017년까지 10년간 자금세탁과 연루된 20억 유로(약 2조 6천억 원) 규모의 거래를 했다는 정황이 포착되어 2018년부터 US Department of Justice로부터 조사를 받고 있다.

AML은 교과서적으로는 범죄 및 부정한 사업에 대한 보다 적극적이고 근본적인 대응을 위한 국제적인 공조체제라고 볼 수 있다. 그러나 AML 이슈가 심화될수록 국제금융에 있어 미국의 지위는 날로 강화되고 있다는 사실을 주목해야 한다. 즉 AML 이슈는 미국이 만든 국제금융질서의 일부라는 것이다. 이러한 이슈를 통해 미국의 국제금융질서에 대한 지배력은 날로 강화될 것이다. 이것은 AML의 본래의 취지와는 별도로 진행되는 현실이다.

AML이 국내 은행에 미치는 파장

A은행은 올해 초 미국 현지법인에서 내부통제관리자(컴플라이언스 오피서)를 채용했다. 미 금융당국의 컴플라이언스 이슈에 대응하기 위해서다. 연봉이 행장보다 더 높은 것으로 알려지면서 화제가 됐을 정도이다. 하지만 A은행은 미국 뉴욕금융감독청DFS이 관리자 보좌도 필요하다는 의견을 내자 최근 고액 연봉의 관리자를 추가로 뽑았다. 금융권의 한 관계자는 "자금세탁방지 AML시스템 구축 등 관련 이슈에 대응하기 위해서는 미 금융당국 출신의 전문가를 영입해야 해 인건비 등을 합쳐 수백억 원의 비용이 들어간다"며 천문학적인 과징금을 물지 않기 위해 당장 비용을 투입할 수밖에 없다"고 말했다. …(중략)… 이로 인해 뉴욕의 상징성이 있다고 해도 현지 눈높이를 맞추기 위해 이같이 전문가를 채용하고 현지 로펌을 통해 컨설팅을 받는 데 수백억 원의 비용을 투입하는 게 과한 것 아니냐는 비판이 나온다. 결국 막대한 컨설팅 비용 및 현지 전문가 채용과 거액의 벌금으로 현지에서 벌어들이는 이익 이상을 쓰는 것이다. NH농협은행의 경우도 내부통제 미비로 지난해 1,100만 달러의 과징금을 받았는데 미국계 로펌에 거액의 돈을 주고 컨설팅을 받아 그나마 금액을 줄인 것으로 전해졌다. 국내 금융권의 한 고위 관계자는 "국내 은행의 시스템은 미비한데 미국에서 원하는 수준은 높다"며 "글로벌 은행들의 경우 지금까지 시스템을 갖추는 데 막대한 비용을 쏟았기 때문에 국내 은행이 감당하기 버거울 것"이라고 말했다. 다만 일각에서는 최악의 경우 뉴욕지점 폐쇄조치 가능성까지 있어 시스템 개선이 불가피하다는 인식도 있다.

출처: "시스템 구축만 수백억… 자금세탁방지에 번 돈 다 쓸 판", 「서울경제」 제11면(2018.6.14).

* * *

왜 AML이 강화될수록 미국의 지배력이 높아질까? 그것은 달러중심의 국제결제시스템이 존재하기 때문이다. 1944년 브레턴우즈 체제 Bretton Woods System 설립 이후 달러는 국제적인 결제 통화로서의 지위를 강화시켜 왔다. 그리고 이것을 실무적으로 구현하는 것이 달러결제시스템이다. 즉 대부분의 경제 주체들이 국가 간 거래에서 달러를 선호하다 보니 그들을 고객으로 두고 있는 금융기관들은 달러결제시스템을 구축하지 않을 수 없다. 그리고 달러결제는 궁극적으로 미국에서 이루어지기 때문에 금융기관들은 미국에 소재한 지점을 보유하거나 미국 유수의 은행에 계좌를 보유하여 달러결제를 할 수밖에 없다. 결국 미국의 금융당국은 전 세계의 자금흐름을 손금 보듯 훤하게 꿰뚫어 볼 수 있다.

홍콩의 금융당국이 자신의 감독 관할하에 있는 외국 금융기관들에게 미국 정부의 지시 사항을 직접 듣도록 한 것도 이러한 미국 중심의 질서를 현실로 인정했기 때문이다. 금융을 주요 산업으로 영위하고

브레턴우즈 체제Bretton Woods System
1944년 7월 미국 뉴햄프셔 주의 브레턴우즈에서 44개 연합국 대표들이 참석한 가운데 전후의 국제통화질서를 규정하는 협정을 체결한 데서 '브레턴우즈 체제'라고 부르고 있다. 브레턴우즈 협정의 핵심내용은 US달러를 축으로 한 '조정가능고정환율제도'를 도입한 점으로 이 같은 국제통화제도를 관장하는 기구로 IMF와 세계은행이 설립됐다.
그러나 1971년 닉슨 대통령의 금태환 정지 선언으로 주요 선진국 통화제도가 변동환율제도로 이행함으로써 사실상 브레턴우즈 체제는 무너진 상태이다.
(사실 금태환 정지는 달러의 유통규모를 확대시켜 결과적으로 달러의 지위를 더욱 강화시켰다. 결국 오늘날 달러 중심의 국제금융질서는 제2차 세계대전으로 미국이 얻은 최고의 전리품이다.)

있는 홍콩 입장에서 금융시스템의 안정성을 높이는 것은 미국과 긴밀히 움직이는 것이라는 실용적 인식이 앞섰던 것이다.

그런데 이러한 미국의 막강한 지배력을 부러워하는 나라가 있으니 바로 중국이다. 중국은 급속한 경제성장과 인구를 바탕으로 국력을 키워 소위 G2의 반열에 올랐다. 그리고 중국 스스로 군사 외교적으로 미국과 대등하게 경쟁한다고 자부하고 있다. 그러나 달러결제를 기반으로 하는 국제금융질서는 넘기 어려운 철벽이다.

중국도 이러한 현실에 손을 놓고 있는 것은 아니다. 이를 타개하고자 중국이 추진하는 것이 위안화의 국제화이다. 즉 막대한 중국의 경제력을 바탕으로 위안화가 중심이 되는 국제금융질서를 구축하겠다는 것이다. 이 이슈에 대해서는 본서의 다른 부분에서 별도로 언급할 것이다.

결론적으로 국제금융질서의 배후에는 강대국들의 패권 경쟁이 숨어 있는 것이다. 그리고 그 사이에서 우리나라는 생존의 해법을 찾아야 한다. 그러기 위해 이러한 국제금융질서의 역사와 앞으로의 전개 방향에 대해 지속적인 연구가 필요하다. 국가 안보를 위해 첨단무기를 개발에 엄청난 투자를 하는 것도 중요하지만, 국제금융질서에 대

$

위안화의 국제화

위안화의 국제화란 중국 위안화의 사용범위가 해외 시장까지 확대되는 것을 의미하며 궁극적으로는 기축통화로 발전하는 것을 의미한다. 중국 정부는 2009년 글로벌 금융위기 이후 무역결제 시 위안화 사용을 확대하고, 홍콩 중심의 역외위안화 시장을 육성하며, 위안화 스와프를 늘리는 등 위안화 국제화를 적극적으로 추진하였다. 이는 달러화의 가치하락에 따른 달러화 자산의 손실을 막고 달러화 의존도를 낮춰 국제금융대국으로 부상하기 위해서였다.

한 연구에도 투자가 필요하다는 것이 필자의 생각이다.

'최첨단 미사일보다 무서운 무기인 국제결제시스템의 주도권을 가
진 미국. 그리고 그 주도권을 뺏어 오려는 중국. 그리고 그 질서하
에서 생존해야 하는 한국.'

국제금융시장은 돈을 벌기 위한 선수들의 각축장이지만 그 밑에서
는 무서운 국제정치질서가 움직이고 있다는 것을 잊지 말아야 한다.

홍콩섬 애드미럴티에 소재한 외환은행 홍콩지점 회의실.

홍콩섬 앞바다와 침사추이(홍콩 주룽반도 끝의 번화가)가 한눈에 들어오는 뷰를 배경으로 10여 명의 대학생들은 초롱초롱한 눈망울로 필자를 쳐다보고 있었다. 당시 서울에서 불고 있던 투자은행 바람을 타고 대학생들이 스터디 그룹을 조직하여 홍콩의 투자은행 현황을 조사하고자 방문한 것이다.

며칠 전 필자의 지인으로부터 투자은행에 관심이 있는 대학생들이 홍콩에 가서 실태를 조사하고자 하니 면담에 응해 달라는 요청을 받고 필자는 기꺼이 수락했다. 당시 서울에서 일어나고 있는 움직임이 심상치 않다고 느끼고 있던 차에 투자은행을 동경하는 사람들에게 꼭 해주고 싶은 말이 있었기 때문이다. 1997년 아시아 외환위기를 겪은 필자의 입장에서 당시 상황은 하나의 데자뷰를 보는 것처럼 상당히 걱정스러웠다. 모두 스마트해 보이는 학생들은 생기 있는 표정으로 투자은행 업무에 대한 장밋빛 전망을 듣고 싶어 하는 의지가 충만했다.

"홍콩에서 한국계 은행들의 투자은행 활동은 어떠한가요?"

"투자은행업을 잘하려면 어떠한 요건을 갖추어야 하나요?"

"선진 은행들의 투자은행 부문은 어떤 시스템을 갖고 있나요?"

의욕적인 질문들이 쏟아졌다. 그러나 필자는 그런 의지를 불태우는 학생들에게 찬물을 끼얹는 발언을 했다.

"97년 외환위기 이전에도 이렇게 의욕을 가지고 투자은행 업무를 시작한 많은 기관들이 위기를 맞아 큰 손실을 입고 홍콩 네트워크를 폐쇄하는 것을 내 눈으로 보았습니다."

"국제금융시장은 기축통화를 기반으로 규모의 경제가 작동하는 시장입니다. 마치 대형항공기 제조시장과 같이 아무나 뛰어들 수 있는 시장이 아닙니다."

"금융기관이 본업의 시장에서 잘하고 있다가 투자은행업을 확장하고자 했을 때 본업이 흔들릴 수 있습니다."

순간 얼어붙은 대학생들의 표정은 이렇게 말하고 있는 듯했다.

'서울에서 홍콩까지 찾아온 사람들에게 이렇게까지 이야기하다니 뭐 이런 인간이 다 있나?'

필자가 즉흥적으로 표현한 대형항공기론論도 97년 외환위기를 겪으면서 느낀 국제금융시장의 두려움과 비기축통화국의 참여자의 한계에 대한 단적인 표현이었다. 그리고 몇 달 후인 8월 산업은행이 미국 증권사인 리먼 브라더스Lehman Brothers를 인수한다는 보도가 나오기 시작했다.

'이런 뜬금없는 보도는 왜 나오는 걸까? 만약 사실이라면 이건 아닌데.'

필자는 외환위기 때의 기억이 떠오르면서 무언가 어두운 기운이 다가오는 느낌을 지울 수 없었다.

▽ 2008년 9월 서울 명동

2008년 9월 16일 필자는 본점 자금부 사무실로 출근을 했다. 홍콩 지점으로 가기 전에 오랫동안 근무했던 명동 본점이지만 3년 반 만에 복귀하니 어색하고 낯설었다. 머쓱한 표정으로 사무실에 들어서니 이른 시간이라 직원들이 얼마 없었다. 시간이 지나면서 조금씩 직원들이 출근을 했고 직원들의 수가 늘어나자 사무실은 술렁거리기 시작했다.

"추석 연휴 기간 중인 9월 14일 미국 리먼 브라더스가 파산을 선언했다는데 괜찮을까?"

직원들은 삼삼오오 모여 연휴에 있었던 즐거운 일에 대한 이야기를 하기보다는 시장 걱정에 표정이 어두웠다. 잠시 후 자금부장이 필자에게 직무를 명하였다.

"달러 단기자금시장을 담당하게."

필자는 솔직히 마음에 들지 않았다. 달러 단기자금은 거래량도 많고 은행의 달러 어카운트Account를 관리하는 일이기 때문에 무척 신경을 많이 써야 하고 고된 일이었다. 자금 업무 중에서도 소위 몸 고생을 많이 하는 일이었다.

'말년에 이게 웬 고생인가? 그래도 별수 없으니 부장한테 찍히지 말

고 승진할 때까지 떨어지는 낙엽도 피해 가며 조용히 버티자!'

그러나 이 바람이 어리석었다는 것을 바로 깨닫게 되었다.

필자의 역할은 은행의 달러 어카운트 부도를 막는 일로, 얼마 지나지 않아 글로벌 금융위기의 최전방에서 싸워야 하는 신세가 되었기 때문이다.

기업이 은행에 당좌계정을 가지고 있듯이 은행들은 달러 당좌계정을 미국의 대형은행에 가지고 있으며 이 계정을 통해서 달러화를 주고받고 한다. 만약 어느 순간 이 달러 계정에 잔고가 부족할 경우 기업의 경우와 똑같이 은행도 지급불능 상태가 되는 것이다. 따라서 금융위기 상황이 오면 가장 최전방에서 위기에 직면해야 하는 사람이 달러 단기자금 담당자이다. 더욱이 당시 필자가 근무하던 은행은 국내 은행 중 외화거래 규모가 가장 컸기 때문에 위기 시 받는 충격과 부담도 가장 컸다.

연일 환율이 상승했고 시장에서 달러자금을 구하는 것은 날이 갈수록 어려워졌다. 딜링모니터에서 달러를 공여하겠다는 오퍼는 점점 약해졌다. 이 상황이 며칠 지나자 한국은행에서 시중은행 담당자 긴급 회의가 소집되었다. 대책 회의 자료를 만들 시간이 있었을까 싶을 정도로 빠른 대응이었다.

소공동 한국은행 회의실

시중은행 달러자금 담당자들이 모두 모였다. 한국은행 담당자가 두꺼운 유인물을 나누어 주었다.

"작금의 국제유동성 상황에 대응하여 기업수출입 자금지원에 대한 방안입니다."

솔직히 필자의 입장에서 썩 마음에 드는 내용은 아니었다. 근본적인 대책이 없었기 때문이다. 그러나 이렇게 당국이 빨리 대응한다는 것은 1997년과 극명히 다른 상황이었다.

▽ 2008년 10월

자금시장에서 일상적인 달러차입은 사실상 불가능했다. 평소 같으면 1개월, 3개월, 6개월 등 종류별로 달러를 쓰라고 오퍼가 넘쳐 나는데 아무리 딜링머신으로 찾아다녀도 주는 기관이 없었다. 정상적인 자금시장이 작동하지 않는 것이다.

달러 차입이 안 되니 운용을 제약할 수밖에 없었고 은행의 외화수급은 통제상태에 들어갔다. 일정 규모 이상의 외화대출은 건件별로 확인을 하고 집행되었다. 이 역시 필자가 수행해야 할 역할이었다.

은행의 외화자금이 통제상태에 들어가자 해외 네트워크 자금 담당자들의 불만이 커졌다. 본점에 자금을 의존하는 점포의 경우 자금공급을 통제하면 영업에 장애가 생기기 때문이다. 그러나 비상시국에 한정된 달러를 배분하는 상황에서는 해외 점포의 이해를 구할 수밖에 없다. 시장상황도 어려운데 각 점포의 이해관계를 조율하는 것은 더 어려웠다.

어느 날 자금규모가 큰 해외 지점 자금 담당자와 전화로 자금배분 문제를 조정하다가 논쟁이 커졌다. 비상시국에 자금을 통제할 수밖에 없는 상황에 대해 해외 지점 담당자는 불만을 품고 필자의 속을 긁었

다. 해외 지점 자금 담당자 왈,

"상황이 아무리 어렵다고 해도 자금부가 이렇게 완장 차고 멋대로 갑질을 해도 되는 거요?"

초비상 상황에서 하루하루 밤잠도 설쳐 가며 달러 어카운트를 사수하고 있던 필자는 순간 화를 참지 못하고 소리를 질렀다.

"당신 거기 꼼짝 말고 있어. 내가 지금 비행기 타고 갈 테니까!"

급작스러운 정적을 느끼며 주변을 돌아보니 모든 직원들이 마치 필자의 내면에 있는 새로운 캐릭터를 발견했다는 듯한 표정으로 필자를 쳐다보고 있었다. 이렇게 분위기가 험악해질 무렵 단비가 내렸다. 9월 말, 정부가 외화 유동성 공급을 선언한 이후 수출입은행을 통해 달러자금이 나오기 시작했다. 기대 이상의 신속한 대응이었다. 필자는 다시 한 번 1997년과 비교되는 정부의 실효성 있는 대응을 경험하였다.

'우리 정부가 이렇게 고맙게 느껴지다니!'

필자는 감동받았다.

▽ 2008년 12월.

정부의 적극적인 대응 덕분에 자금상황은 안정되고 있었다. 시장 차입도 조금씩 가능성을 보여 주기 시작했다. 그러나 연이은 유동성 공급으로 정부의 외환보유액은 대폭 줄어서 2천억 불에 근접하고 있었다. 기획재정부에서 특명이 떨어졌다.

'외환보유액 2천억 불 사수!'

각 은행은 외환보유액 유지를 위해 2008년의 마지막 날까지 모든 시장 차입 역량을 총동원하고 은행 별 여유 자금을 최대한 활용하는 등 최선을 다했다. 그렇게 외환보유액은 지켜졌다.

* * *

2008년도 글로벌 금융위기는 미국의 모기지 시장에서 촉발한 금융시장의 혼란이 전 세계 금융시장을 위기에 빠뜨린 사건이다. 글로벌 포트폴리오를 운영하는 시각에서 보면 1997년도는 아시아라는 국지적인 이머징마켓의 변동성이 폭증한 시기였고, 2008년도는 기축통화국인 미국의 혼란으로 전 세계 모든 포트폴리오의 변동성 증가가 나타난 시기였다.

충격의 강도에서는 비교가 되지 않을 정도로 2008년도의 위기가 엄중했음에도 대한민국 정부 및 금융기관들의 대응은 1997년에 비해 훨씬 더 신속하고 체계적이었다. 그 이유는 1997년의 경우 한국의 금융 관계자들은 위기의 원인 제공자라는 원죄 의식에서 괴로워했던 반면, 2008년에는 큰 집(미국)의 잘못으로 우리가 피해를 입는다는 인식으로 좀 더 냉정할 수 있었기 때문이다. 그리고 보다 중요한 것은 1997년이라는 시기를 통해 체득한 경험이 있었다는 점이다.

1997년 외환위기를 국제금융시장 최전방에서 겪었던 필자는 10여

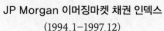

JP Morgan 이머징마켓 채권 인덱스
(1994.1~1997.12)

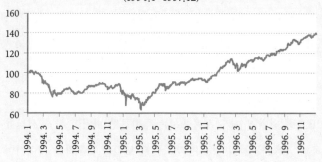

데이터 출처: Bloomberg

년 후 2008년도 글로벌 위기도 역시 일선에서 겪으면서 위기를 피할 수 없는 기구한 팔자를 원망했지만, 두 개의 위기를 생생하게 체험한 것은 중요한 경험이었다. 두 개의 시점을 비교해 보면 매우 불행한 공통점이 있는데 그것은 시장 타이밍과 비즈니스 타이밍의 부조화이다. 즉 시장이 활황을 보여 수익성이 좋아지면 너도나도 그 시장에 뛰어들어 비즈니스를 하려고 하지만, 비즈니스를 준비하고 시작할 때가 되면 그 시장은 끝물에 이르러 하락 내지 붕괴 위기에 직면하게 된다는 것이다. 국제금융시장의 자산운용에 있어 일천한 경험을 가진 한국의 금융기관들은 적지 않은 비용을 지불하고서야 이러한 이치를 깨달을 수 있었다.

1997년의 경우 1994년부터 1996년까지 3년간 아시아 이머징마켓은 글로벌 투자자들에게 엄청난 수익을 안겨 주었다. 엄청난 돈이 아시아 자본시장으로 몰리면서 주식, 채권 할 것 없이 호황을 누렸다.

앞서 언급했지만 한국은 마침 불어닥친 김영삼 정부의 세계화 열풍과 맞물려 해외 투자가 엄청나게 장려되었고 은행, 종금사들은 앞을 다투어 홍콩에 투자법인을 설립하였다. 이렇게 한국 금융기관에서 동남아 증권투자는 급부상하는 비즈니스였다. 그러나 막상 투자가 절정에 이르는 1996년 하반기 이후에는 태국을 필두로 하는 시장의 붕괴가 기다리고 있었다.

다음은 2008년 경우이다.

2007년 하반기 이후 서울에서는 투자은행 바람이 불기 시작했다. 한국의 금융기관들의 살길은 투자은행 모델을 추구하는 것이라며 각종 세미나가 열리고, 투자은행 진출을 위해서는 홍콩을 교두보로 삼아야 한다는 의견들이 나오면서 홍콩에서 투자은행 업무를 하는 사람들을 초청해서 강연회를 갖는 등 관심이 고조되고 있었다. 그리고 각종 금융기관, 기업의 임직원, 심지어 학계 인사들까지 홍콩에 출장을 와서 투자은행의 업무를 알아보는 것이 유행처럼 퍼지고 있었다.

* * *

2008년의 상황에 대해 1997년과 비교해서 특히 주목해야 할 점은 해외 투자의 방식이다. 즉 1997년에는 유통시장에 나온 유가증권을 중심으로 종금사의 공격적인 해외 투자가 이루어졌던 반면, 2008년에는 한 단계 진화하여 은행권이 가세하고 지분 투자, 인수합병 등 보다 적극적인 방식으로 해외 투자가 이루어졌다. 국내 거의 모든 대형 은행들이 홍콩에서 투자은행 업무를 확대하거나 신설하는 움직임을 보였다.

2008년 당시 한국 은행들의 홍콩 IB 강화 현황

우리	홍콩 법인 5천만 달러 증자, 외부 제휴
신한	PI 역량 강화 등 종합 IB플랫폼 구축
하나	IB증권 중심으로 홍콩 법인 설립
외환	홍콩지점과 별도로 IB법인 설립 타진
기업	중장기과제로 홍콩 법인 설립 검토
농협	우리은행과 손잡고 해외 IB업무 확충
산업	홍콩에서 해외 IB전문인력 확충

출처: 매일경제(2008.3.11)

그리고 이러한 움직임의 정점을 보여준 사건이 한국투자공사KIC의 미국 투자은행 메릴린치 지분 매입이다. 2008년 1월 KIC는 세계적인 투자은행인 미국 메릴린치Merrill Lynch사에 20억 달러의 지분 투자(지분율 약 3%)를 결정한다.

'메릴린치'.

사실 국제금융시장의 변방인 한국에서 이런 회사에 지분 투자를 한다는 것은 그 당시까지 꿈같은 이야기였다. 그리고 그 꿈을 실현시킨다는 비전을 바탕으로 이 거대한 투자는 실행되었다. 미국의 서브프라임 모기지 문제가 이미 가시화된 시점이었지만 이로 인해 변방에 있는 한국에도 기회가 왔다는 의견이 나오면서 투자는 진행되었다. 당시 모 대형회계법인 대표는 다음과 같이 말했다.

"미국 서브프라임 모기지(비우량 주택담보대출) 사태는 우리에게 100년에 한 번 올까 말까 한 기회다. 글로벌 금융사의 지분을 인수할 이 같은 호기를 놓친다면 금융 선진국이 되기 어려울 수 있다. 진정

한 선진국으로 진입하기 위해서는 금융 분야의 세계화가 그 해답이
다.”

이후 메릴린치는 미국의 은행 BOABank of America에 합병되었고,
BOA의 주가는 2009년 2월 기준 3달러까지 하락하여 KIC의 투자 손
실률은 90%에 이르렀다. 2015년 이후 미국 금리상승을 바탕으로
BOA의 주가가 2019년 6월 말 29달러까지 상승, KIC의 투자 원금
20억 불을 회수할 수 있는 수준이 되었다.

2008년 9월 이후 금융당국의 대응은 상당히 신속하고 체계적인 것
이었는데 그것은 우리나라가 10년 전 아시아 외환위기를 이미 겪었기
때문이다. 한국은행 대책회의에서 나온 대응책의 많은 부분은 외환위
기 때 작성했던 내용을 업데이트한 것으로 금융당국도 위기를 한 번
겪어 보았기 때문에 대응 방안에 일종의 노하우가 있었던 것이다. 이
러한 과정을 보면서 필자는 어렴풋하게나마 희망을 가질 수 있었다.
즉 한 번 해 본 경험이 있기 때문에 어떻게 해야 할지 당황하지 않고
신속하게 대응할 수 있었고, 문제 해결이 더 용이할 수 있을 것 같다
는 희망이 생겼다.

그리고 또 한 가지 긍정적인 것이 있었다. 당시 필자의 개괄적인 계
산으로는 한국의 외환보유액, 은행들의 단기자금 규모를 감안할 때 정
부당국이 어느 정도 외화자금을 지원하면 위기를 극복할 수 있을 것 같
았다(2008년 9월 당시 외화단기채무는 국내 은행 660억 달러, 2금융 76억
달러, 기업체 117억 달러 수준이고 외환보유액은 2천 600억 불 정도였다—
2008.9.21.『서울경제』 참조). 1997년 외환위기 당시 결정적으로 외환관

리를 어렵게 했던 종금사 문제, 한국은행 외화수탁금 문제 등은 이미 금융당국의 강력한 구조조정으로 정리되어 더 이상 부담이 되지 않았다.

이렇게 2008년 9월부터 12월 말까지 실로 험난한 상황을 많이 겪으며 떠오른 키워드는 '정부의 역할'이다.

당시 정부 및 금융사들이 직면한 과제는 글로벌 금융시장의 불안으로 인한 원·달러 환율 급등과 외화유동성의 부족이었다. 이 과제를 해결하기 위해서는 정부의 적절한 시장개입과 금융기관에 대한 외화유동성의 지원이 필요한데, 이는 정부가 보유한 외환보유액을 활용하여 할 수 있다는 뜻이다. 여기서 문제는 외환보유액을 언제, 얼마나 푸는 것이 적절한가이다.

같은 시기 기획재정부는 외환 현물시장 개입, 100억 달러 규모의 유동성 공급 등 개입 의지를 밝히고(9월 23일) 이후 외환보유액을 활용한 순차적인 외화유동성 공급에 들어갔다. 그러자 일부 학자들과 언론에서는 아까운 외환보유액을 섣불리 풀다가 더 큰 위기를 자초할 것이라고 날을 세웠다. 다음은 모 국책연구소 산하 대학원 교수의 언론인터뷰 내용이다(10월 8일).

"난리 났다. 현 경제팀으로는 이 상황을 타개하기 힘들다. 최대한 외환보유액을 지키고 조용히 유동성 확보를 위한 노력을 해야 하는

한국은행 외화수탁금
외환위기 이전 한국은행은 외환보유고의 일정 부분을 시중은행에 수탁하였고, 이 자금은 외화가 필요한 기업들을 지원하는 대출로 공급되었다. 하지만 대출이 장기자산이었기 때문에 금융위기 당시 자금 회수가 되지 않아 외화유동성 부족을 초래한 요인이 되었다.

데 폼만 잡다가 시장에서 밀렸다."

이것은 국제금융시장을 모르는 발언이다. 달러를 기반으로 하는 국제금융시장에서 기축통화국인 미국을 제외한 모든 국가는 외화유동성 위기를 겪을 수 있고, 그러한 상황이 되면 금융기관과 기업의 개별적인 신용으로 유동성을 확보할 수 없다. 정부가 나서서 시장이 안정될 때까지 외화유동성을 지원하여 뱅크런 등 더 심각한 위기를 차단해야 한다. 외환보유액으로 급한 불을 끄면서 신용도를 제고해야 시장 유동성 확보도 가능한 것이다.

당시 정부는 외환보유액 사용에 대한 우려와 비난을 극복하고 적절히 대응한 것이다. 그 결과 위기가 발발했을 때 필자가 가졌던 희망은 다행히 가시화되어 갔다. 기획재정부, 금융감독원, 한국은행, 수출입은행 등 각종 금융당국이 똘똘 뭉쳐서 유기적으로 시중은행의 외화자금을 관찰하고 지원한 결과, 2008년 말에 접어들면서 조금씩 국제금융시장에서의 차입도 가능해졌다. 그리고 당시 정부에서 마지노선으로 정했던 외환보유액 2,000억 불도 가까스로 사수할 수 있었다.

그로부터 다시 10년이 지나 필자가 은행 임원으로 자금그룹을 담당할 때 은행 내부와 외부에서 열린 수많은 외화유동성 대책회의에 참석하였다. 이런 회의에 참석하면서 느끼게 되는 것은 다시는 1997년과 2008년과 같은 금융위기의 피해자가 되지 말아야 한다는 참석자들의 강렬한 의지이다.

그러나 정작 대책회의라는 것은 많은 경우에 실효성 있는 대책이 논의되지 못한다. 그 이유는 참석자들이 현실을 인정하지 않거나 대

외환보유액 분기별 추이
(단위: 십억 달러)

데이터 출처: 한국은행 경제통계시스템

책이 수반하는 비용을 논하지 않기 때문이다. 국제금융시장의 현실은 달러라는 기축통화 중심 체제이다. 따라서 유동성 위기 시에는 비기축통화국의 시장 참여자들의 자체적인 유동성 확보는 사실상 불가능하다. 이때는 외환보유액을 밑천으로 하는 국가의 금융시스템이 작동해야 한다. 따라서 감독기관 및 시장 참여자들은 이러한 현실을 인정해야 한다. 그리고 위기 대응에 필요한 시간이라는 비용을 낭비하지 말아야 한다(즉 이상적인 시장차입을 고집하느라 국가신뢰도가 하락하는 시간을 허용해서는 안 된다). 필자는 외부 회의에서 항상 다음과 같이 주장했다.

'만약 위기상황이 발생한다면 일차적으로 상업은행들이 각자의 독자적인 능력으로 부도 위기를 막아야 하겠지만, 위기가 깊어진다면 결국 금융당국을 포함한 일국의 금융시스템이 힘을 합쳐서 위기를 극복해야 합니다.'

'이것은 각 은행이 책임을 다하지 않겠다는 것이 아니라 국제금융시장의 현실이 그렇다는 것입니다.'

'그래서 평소에는 각 은행이 보수적인 유동성 관리를 하는 것도 중요하지만, 금융당국과 은행들이 위기 대응 협조시스템이 잘 구축되어 있어 유사시에 즉각 대응할 수 있다는 확신을 해외 투자자들에게 심어 주는 것이 중요합니다.'

필자의 이러한 주장은 1997년과 2008년을 겪으면서 체득한 경험을 통해 나온 것이다. 중요한 것은 이런 역사적 경험을 통해 한국의 금융시스템이 더 견고해졌다는 것이고, 이러한 사실을 내부(국내 금융참여자)와 외부(해외 투자자)가 공유하도록 함으로써 한국 금융시스템에 대한 신뢰를 높여야 한다.

* * *

2020년 다시 잔인한 금융의 시간이 왔다. 두 번에 걸친 상처의 역사로 더욱 강해진 대한민국 금융당국은 보다 신속하고 세밀하게 대응하고 있다. 이러한 움직임은 1997년과 2008년이 대한민국에 남긴 극복의 추억에서 비롯되었다고 생각한다.

2020년 코로나 사태 이후 정부의 외화유동성 조치

3월 16일 선물환 포지션 확대(선물환을 통한 외화 조달 확대 효과)

3월 26일 유동성 커버리지 비율 하향조정(은행 보유외화, 시중공급 확대
효과)

3월 27일 외화건전성 부담금 면제(외화 조달 비용 감축 효과)

4월 2일 증권사 외환건전성 강화 검토(2금융권의 외화 교란 요인 감독)

코리아 디스카운트를 극복하라—미사일을 헤치고 달러를 찾아서 타이베이 캐세이유나이티드 은행Cathay United Pacific Bank 본점 회의실.
필자 일행은 대만 투자자들과 마주 앉아 있었다.

투자자 미팅은 통상 해 온 것이지만 할 때마다 긴장하게 된다. 시험
에 어떤 문제가 나올지 모르기 때문이다. 게다가 이번에는 아주 어려
운 시험이다. 미사일이 날아다니는 한반도에 투자를 하라고 설득해야
하기 때문이다. 사실 이번 출장은 엄청난 고민 끝에 강행한 경우였다.

'하필이면 재수도 없지, 우리가 추진하려는 순간에 미사일이 날아
오다니!'

연초부터 구상했던 대만 투자자 유치를 구체화하려는 시점에 북한
이 미사일을 쏘기 시작했다. 같이 일하는 직원들이 조금 관망한 후 상
황이 좋아지면 다시 추진하자는 의견을 조심스럽게 제시했다. 그러나
필자는 달리 생각했다.

"상황은 좋지 않지만, 이번 기회에 한반도의 숙명을 극복해 봅시
다."

이렇듯 거창한 명분을 내세우듯이 직원들에게 선언했지만, 사실
이런 상황에서 투자 유치가 가능할지 테스트해 보고 싶은 욕구가 있
었다. 이렇게 필자의 고집으로 투자자 미팅을 강행했으나 막상 투자

자 앞에 앉으니 막막했다. 투자지역의 정치적 이벤트가 발생할 때는 기존의 투자금도 회수하는 걸 검토하는 것이 일반적이다. 하물며 신규 투자를 한다는 것은 상식적이지 않다. 세상은 넓고 투자대상은 전 세계에 널려 있기 때문이다. 동행한 담당직원이 필자 은행의 재무상태에 대한 브리핑을 끝내자 대만 투자자 중 한 명이 입을 열었다.

"브리핑 잘 들었습니다. 귀하 은행의 재무상태는 매우 양호한 것 같습니다. 그런데 지금 한반도 상황은 매우 심각하다고 생각됩니다. 귀하의 의견은 어떻습니까?"

'드디어 올 게 왔구나!'

필자는 대만으로 오기 전, 이 질문에 대한 대답을 수도 없이 생각했지만 별 뾰족한 수가 없었다. 이건 은행원이 해결할 수 있는 문제가 아니기 때문이다. 그 순간 필자가 있는 곳이 중화권中華圈 은행이라는 생각이 머리를 스쳤다.

"여러분도 아시겠지만 한반도의 문제는 한국과 북한만의 문제가 아니지 않습니까? 이것은 결국 미국과 중국의 입장에 의해서 해결될 것입니다. 한반도에서 무력 충돌이 일어난다면 가장 곤란한 것은 미국과 중국일 것입니다."

투자자들의 눈빛에서 거부 반응이 보이지 않았다. 필자는 계속 이야기를 이어 갔다.

"사실 그보다 중요한 것은 이 모든 상황이 김정은의 권력을 유지하는 과정의 일부라는 것입니다. 즉 전쟁이 일어난다면 김정은은 권력을 잃을 가능성이 높기 때문에 본인이 그러한 선택을 하기는 어려울 것입니다."

투자자들의 표정이 좀 더 부드러워지는 것이 느껴지자 필자는 기세를 올렸다.

"채권시장에서는 정치적 이벤트가 발생하여 일시적으로 가격이 하락한 바로 그때가 매입 기회인 것을 여러분도 잘 아시지 않습니까? 그러니 이번 기회를 놓치지 않으시길 바랍니다."

필자는 투자자들에게 딜러로서의 승부욕을 자극했다. 미팅이 끝나자 투자자들의 얼굴은 훨씬 밝아져 있었다. 악수를 하고 본점 건물을 나오는데 후덥지근한 8월의 타이베이 공기가 나쁘지 않았다.

'딜이 잘 될 수도 있겠다.'

필자는 혼자서 중얼거리고 있었다.

대만 일정 두 번째 날, 투자자 유치를 도와주는 주간사 은행의 대만 법인 딜링룸 헤드와 점심을 같이 했다. 40대 후반으로 보이는 세련된 신사인 이 대만인은 매우 긍정적이고 유쾌한 사람이었다. 홍콩에서 근무한 경험이 있는 헤드는 필자와 홍콩에 대해 추억하면서 화기애애한 분위기를 만들어 주었다. 긴장의 연속인 투자자 미팅 사이에 잠시간의 훈훈한 시간이라고 필자가 느끼던 중, 그 신사는 문득 이런 이야기를 하였다.

"요즘 한국드라마「도깨비」때문에 난리도 아닙니다. 제 집사람은 매일 밤 공유 얼굴이 그려진 베개를 끌어안고 잠을 자요. 저도 열이 받아서 전지현 얼굴이 그려진 베개를 주문할까 합니다."

그의 말로 대만에서 불고 있는 한류의 바람이 어떤 것인지 필자는 피부로 느낄 수 있었다. 그리고 매우 우연히도 서울로 돌아오는 비행기에서 공유 일행이 같이 탑승한 것을 알았다. 그는 대만 팬미팅을 마치고 귀국하는 길이었다.

* * *

필자는 2016년부터 3년간 은행에서 자금그룹을 담당했는데, 자금그룹의 역할은 단순히 말해 은행자금의 조달과 운용이다. 그런데 원화자금은 국내에서 조달 운용이 가능하지만 외화자금은 해외 시장에 참여할 수밖에 없다. 외화자금 조달에 있어서는 대부분의 자금을 미국, 유럽, 홍콩 등 지역의 투자자를 모아 조달을 한다. 하지만 보다 안정적이고 많은 규모의 자금을 조달하기 위해서는 지속적으로 새로운 시장을 개척해야 한다. 유사시에 대비해서 차입의 다변화는 필수이기 때문이다. 따라서 필자가 자금그룹을 맡고 있는 동안 지속적으로 새로운 외화자금 차입원을 다변화하기 위해 노력했다. 그러한 노력 중에 접근한 시장이 대만 시장이다.

각국의 자금시장에서는 기본적으로 그 국가의 법정통화가 가장 기본적이고 풍부한 자금이다. 즉 원화는 한국에서, 달러화는 미국에서,

유로화는 유럽에서, 엔화는 일본에서 가장 풍부한 규모로 움직이고 있고 따라서 구하기도 쉽다. 그러나 여러 가지 이유로 일국의 자금시장에서 그 나라의 법정통화가 아닌 외국통화가 상당규모로 축적되어 있는 경우가 있다. 가장 전형적인 케이스가 유로달러Euro Dollar이다. 즉 미국의 달러화가 미국이 아닌 지역에서 돌아다니는 것인데, 처음에는 유럽지역에 있는 달러를 지칭하다가 미국 이외의 모든 지역에 있는 달러를 지칭하는 용어가 되었다.

유로달러는 결과적으로 제2차 세계대전 이후 국제금융시장의 발전에 결정적인 기여를 했다. 국제금융시장이라는 것은 결국 돈의 흐름이 국가라는 울타리를 넘어 얼마나 자유롭게 움직이느냐에 따라 발전하기 때문이다. 특히 80년대 미국의 골칫거리였던 쌍둥이 적자(재정 적자, 무역수지 적자)가 유로달러의 유동성을 증대시켜 국제금융시장에서 미국의 주도권을 강화시켰다는 것은 매우 아이러니하다.

일국에 외국 통화자금(특히 달러자금)이 많이 축적되어 있는 대표적인 경우가 대만이다. 대만의 경우 이처럼 막대한 달러자금이 조성된 것은 긴 시간 동안 축적된 무역수지 흑자, 안정적인 자산보유를 원하는(대만의 지정학적 위치를 감안한) 시장 참여자들의 수요 등이 있었기

유로달러

미국 이외의 은행, 주로 유럽의 은행에 예입되어 있는 달러자금을 말한다. 일반 예금과는 달리 이 달러는 무국적이며, 어느 나라의 통제도 받지 않고 예입 및 대부가 모두 국경을 넘어 아주 자유롭게 이루어진다. 이 때문에 유로달러는 유럽 각지의 금리차나 평가조정에 의한 환차익을 쫓아 부동하는 핫머니의 성격을 띠고 있다. 유로달러의 거래의 기원은 미국 은행에 미국 달러를 예금하고 있던 공산권 은행이 1950년대 초 미·소 간의 냉전격화에 따라 이 예금을 미국 정부에서 동결 몰수할 것을 우려해 서유럽 은행에 맡긴 데서 시작되었다고 하며, 그 후 미국의 국제수지 적자로 대량의 달러가 유럽에 누적됐다. 그 이후 유로달러시장은 급속히 발전, 투기자금의 거대한 풀pool로서의 성격이 가해졌다.

출처: 매일경제용어사전

대만 외환보유액 추이와 단위
(단위: 십억 달러)

데이터 출처: Central Bank of Republic of China(Taiwan)

때문이다. 대만의 외환보유액은 한국과 비슷한 수준이지만 GDP 대비 외환보유액의 비율은 한국보다 월등히 높다. 그만큼 경제규모에 비해 외화보유가 많다는 것을 알 수 있다(2018년 말 기준 GDP 대비 외환보유액 비율은 대만이 약 78%, 한국이 약 25%이다-2019년 통계로 Trading Economics 홈페이지 참조).

대만에 축적된 달러는 시장을 통해 운용되어야 하고 따라서 달러를 필요로 하는 해외 기관에게 대만은 매력적인 시장이다. 이렇게 대만에서 대만달러가 아닌 외국통화를 차입하기 위해 발행하는 채권을 포모사 본드Formosa bond라 한다(포모사는 16세기 대만을 방문한 포르투갈 사람이 아름다운 섬-ilfaformosa-이라고 지칭한 것에서 유래한다). 한국에서 원화가 아닌 외화로 발행되는 채권을 김치 본드라 하는 것과 유사하다.

대만의 달러 시장이 국제적 조달 시장으로 부상했음에도 2017년까지 한국 상업은행들의 대만시장 참여는 활발하지 않았다. 산업은행,

각종 채권의 명칭

소재국가 법정통화로 발행 시			외국통화로 발행 시	
미국	달러	양키 본드	일본	쇼군 본드
일본	엔	사무라이 본드	한국	김치 본드
한국	원	아리랑 본드	홍콩	딤섬 본드
중국	위안	판다 본드	대만	포모사 본드

참조: 이환호, 「외환론」, 경문사, 2019.

수출입은행 등 국책은행들이 차입원 다변화 차원에서 포모사 본드 시
장에 참여하곤 했지만 대만 시장을 달러 조달원으로 크게 중요하게 보
지 않았다. 필자가 대만 시장을 주목한 이유를 요약하면 다음과 같다.

첫째, 심리적 안정감이다. 대만 투자자들은 한국에 대해 투자대상
으로서 비교적 편안하게 느낀다. 이것은 한국이 지리적으로 가깝고
한국의 사정에 대해 대만 투자자들이 잘 알고 있다고 느끼기 때문이
다. 필자는 이것을 투자에서의 친숙성investment familiarity이라고 정의하고
싶다.

1990년 중반까지 한국의 은행들은 달러 단기자금의 상당 부분을
일본계 은행에 의존하였다. 당시 일본계 은행들은 미국, 유럽 은행들
에 비해 낮은 금리로 자금을 빌려 주었는데, 이들은 한국에 투자의 친
숙성을 가지고 있었기 때문이다. 한국의 은행들은 이러한 낮은 금리
의 자금을 마다하지 않고 과다하게 받아쓰다가 위기상황에서 일본계
은행들이 크레디트 라인을 끊자 유동성이 일시에 막혀 버렸다. 이렇
게 투자의 친숙성이 부작용을 일으킬 가능성이 있기는 하지만, 자금
을 조달하는 입장에서는 매우 유리한 포인트인 것은 분명하다. 투자
친숙성이 시장과 상품에 어떤 불균형을 초래하는지 학문적으로 연구

해 볼 만하다. 필자의 학문적 소양이 좀 더 높다면 도전해 보고 싶은 연구 과제이다.

둘째, 한류 붐에 따른 대만의 한국에 대한 우호적 환경이다. 과거 70~80년대에는 한국이 대만의 경쟁자로서 인식되어 대만에서는 한국에 대한 인식이 그다지 우호적이지 않았다. 그러나 2000년대 이후 꾸준히 상승한 한류 붐으로 대만에서 한국에 대한 이미지는 상당히 개선되었다. 이러한 현상은 필자가 대만시장에 대해 준비를 하면서 관련자들과 접촉했을 때 확실히 느낄 수 있었다.

셋째, 대만 내의 규제사항이다. 앞서 언급한 바와 같이 대만에 축적된 달러가 많다 보니 기관별로 역외투자 수요가 많아 대만 정부는 역외투자 금액을 기관별 총자산의 일정 비율로 규제하고 있었다. 그러나 포모사 본드는 달러 표시 자산이어도 역외자산으로 분류되지 않아 규제비율에 의한 제약이 없어 기관들이 부담 없이 투자할 수 있었다.

이러한 이유로 필자가 2017년 초부터 대만에서의 자금 조달을 단계적으로 준비하는 중 사건이 터진 것이다. 2017년 2월 12일 북한은 동해상으로 탄도 미사일을 발사했다. 언론에서는 이 사건을 두고 북한이 2012년 2월 12일에 있었던 3차 핵실험을 기념하기 위해 취해진 조치라고 설명했지만, 이것이 한반도에서 최고 수준의 군사적 긴장을 일으킨 연속된 사건의 출발점이라는 것을 예상한 사람은 거의 없었다. 같은 해 4월, 미국의 핵추진 항공모함인 칼빈슨호가 동해안에 들어왔고 북한은 이에 대응하여 신형 대함 탄도미사일을 쏘아 올렸다. 이어서 5월에는 영국 주재 북한 대사가 북한은 6차 핵실험을 할 것이라고 언론과 인터뷰를 하여 미국 주식시장까지 휘청거리게 만들었다.

또다시 7월에는 북한이 대륙간 탄도미사일을 동해상으로 기습발사하고 유엔 안보리는 북한의 미사일 사태에 대응하기 위해 긴급회의를 소집하는 등 한반도의 긴장은 최고조로 이르게 된다.

* * *

코리아 디스카운트라는 말이 있다.

한국의 기업이 외국 기업과 비교할 때 유사한 성장성과 수익성을 가지고 있음에도 상대적으로 낮은 주가 수익률Price Earning Ratio을 보이는 원인을 한국 특유의 상황에서 찾는 용어이다. 즉 지정학적 리스크, 대기업의 불투명한 지배구조, 노사관계 등이 해외 투자자로 하여금 한국의 자본시장을 저평가하게 만든다는 것이다.

특히 필자가 추진했던 채권 발행시장에서는 지정학적 리스크가 주로 부각된다. 한국은 한반도라는 지정학적으로 불안정한 지역에 위치하므로 투자대상으로서 고려할 때 그만큼의 리스크를 반영해야 한다는 것이다. 해외 투자자에게는 물건값을 깎을 수 있는 좋은 명분이지만 한국인에게는 참으로 천형天刑 같은 말이다.

'단지 한국산産이라는 이유로 물건을 싸게 팔아야 한다는 말인가? 이 족쇄를 계속해서 차고 가야 한다는 말인가?'

모처럼 새로운 차입원을 개발하기 위해 심혈을 기울이던 필자에게는 청천벽력 같은 상황이었다. 연일 보도되는 한반도의 상황을 체크하면서 채권 발행을 계속 진행할지를 담당직원들과 계속해서 논의하였다. 이러한 상황에서 채권 발행은 불가능하다는 의견과 한번 해 보자는 의견이 팽팽히 맞서고 있었다. 그때 필자의 머릿속에 떠오르는 생각이 있었다.

'어차피 코리아 디스카운트가 우리의 운명이라면 가장 어려운 상황에서 시장의 평가를 받아 보리라!'

이렇게 마음을 먹으니 필자는 스스로에게 내린 미션 임파서블을 받아들여야 했다.

'미사일을 헤치고 달러를 찾아라!'

필자는 갈 수 있는 데까지 가 보자는 각오로 직원들을 독려하여 대만에서의 채권 발행을 계속 추진했고, 발행의 사전단계인 로드쇼 일정을 잡게 되었다.

출발일은 2017년 8월 16일, 출장지는 대만 타이베이였다. 이렇게 어려운 상황에도 로드쇼를 강행한 필자는 매우 복잡한 심정으로 타이베이행 비행기에 올랐다. 이토록 어둡던 한반도 상황에서 필자가 로드쇼를 출발하기 직전에 약간의 위안을 줄 수 있는 소식이 들렸다. 괌 공격까지 거론하던 북한이 8월 15일 조선중앙통신을 통해 미국의 행태를 좀 더 지켜보겠다는 김정은의 메시지를 보도하였다. 극도의 긴장으로 치닫던 한반도의 숨을 돌리게 하는 소식이었지만, 구체적인

$

로드쇼

채권의 발행자와 주간사가 발행시장의 소재지 또는 투자자들이 있는 지역을 돌면서 채권 발행자에 대한 소개 및 채권 발행의 개요를 설명하는 일종의 투자자 미팅 투어.

내용이 없는 메시지였다.

8월 16일 필자와 발행 담당 은행 직원들, 주간사 직원들을 태운 비행기는 타이베이 타오위안 공항에 도착했다. 날씨는 뜨거웠고 휴가철이라 그런지 타오위안 공항은 매우 혼잡했다. 기나긴 입국 수속을 거치고 시내로 들어가는 고속도로 왼쪽 멀리에 TV 예능 프로그램인 '꽃보다 할배—대만편'에서 할배들이 묵었던 전통 양식의 화려한 호텔이 보였다.

'휴가로 와서 저런 호텔에 들어가 보고 싶다!'

그러나 개인적인 소망이 이 엄중한 상황과 심하게 안 어울린다 생각이 들면서 필자는 곧 정신을 차려야 했다.

* * *

로드쇼에서 투자자 미팅은 발행사 담당자 입장에서는 매우 스트레스가 쌓이는 일이다. 각 지역의 유명 투자기관에서 날고 기는 펀드 매니저, 또는 리스크 관리자들이 자신의 잠재적 투자대상 기관에 대한 날카로운 질문을 쏟아 내는 자리이기 때문이다. 투자자들은 대상 기관의 재무상태를 이 잡듯 뒤져서 세세한 숫자의 변화에 대해 질문을 하거나 일개 기관이 답변하기 어려운 한국의 경제정책, 정치적 상황, 정부의 입장 등 매크로한 질문도 쏟아 낸다. 투자자 미팅의 핵심은 투자자들에게 신뢰와 확신을 심어 주는 것이다. 따라서 투자자가 어떠한 질문을 해도 발행사는 어떻게든 대응을 해야 하기 때문에 예상하지 못한 질문이나 답변하기 곤란한 질문을 받으면 곤혹스러울 수밖에 없다. 이렇듯 일반적인 상황에서도 로드쇼의 투자자 미팅은 매우 긴장되는 과정인데, 한반도의 정세가 안개 속으로 빠져 버린 상황이니 필자는 극심한 긴장과 처절한 각오를 하고 임해야만 했다.

"이러한 상황에서 투자자에 대한 우리의 답변 한마디 한마디가 은행의 신뢰도뿐만 아니라 대한민국의 신뢰도에도 영향을 미칠 수 있으니 최선을 다해 답변하자."

필자는 비장한 심정으로 직원들을 독려하며 미팅에 임했다.

일반적으로 채권 발행을 위한 투자자 미팅에서 투자자들의 관심의 초점은 발행사의 재무구조이다. 채권상환의 바탕이 되는 발행사의 신용상태가 가장 중요하기 때문이다. 재무구조에 대한 세세한 질문이 끝나면 발행사의 향후 경영전략이나 발행사의 소재 국가의 경제상황 등 거시적인 질문이 이어진다. 그러나 당시 투자자들의 관심은 단연 한반도의 정치·군사적 상황에 집중될 것이라고 충분히 예상되었다. 평생을 은행에서 근무한 은행원들이 한반도 정치·군사적 상황에 대해 답변하는 것은 쉽지 않은 일이었다. 그러나 답변을 통해 투자자들을 안심시키고 투자를 유도해야 하는 상황이었다. 그렇다고 근거 없는 주장으로 투자자들에게 억지를 쓸 수는 없는 일이었다. 그러다 보니 필자는 고심할 수밖에 없었다.

'미사일이 날아다니는 한반도에 투자하라고 어떻게 권유해야 하나?'

'어떻게 대답을 해야 투자자들의 불안한 심리를 조금이라도 안정시

킬 수 있을까? 지극히 대답하기 어려운 질문일수록, 상식적이고 본질적으로 답변하자!'

복잡한 심경을 안고 필자 일행은 첫 번째 미팅 장소인 타이베이 시내 캐세이유나이티드뱅크Cathay United Bank 본점으로 갔다. 면담에 임한 대만 투자자들은 상당히 신사적이고 예의가 있었다. 그리고 한국에 대한 호감을 가지고 있었다. 그러나 작금의 한반도 상황에 대해서는 예상한 대로 매우 우려를 하고 있었고, 현 상황에 대한 인식과 향후 전개 방향에 대한 질문이 예상대로 쏟아졌다. 그리고 필자는 대답했다.

'한반도 정세는 솔직히 미국과 중국의 타협으로 결정되는 것이다. 한반도의 전쟁은 중국을 매우 곤혹스럽게 만들 수 있기 때문에 중국이 나서서 전쟁을 막을 수밖에 없다.'

'북한이 일으키는 행동의 궁극적인 본질은 정권의 유지이다. 한반도에서 전쟁이 일어나는 순간 북한의 정권은 유지되기 어려운 상황이 될 것이므로 북한은 전쟁을 스스로 일으키지 않을 것이다.'

'원래 정치·군사적인 이벤트는 시장에 미치는 영향이 일시적인 경우가 많다. 한국 경제의 펀더멘털이 견고하고, 우리 은행의 재무상태가 매우 건실하니 지금 투자한 후 한반도 상황이 안정되면 단기간에 투자차익을 얻을 수 있다.'

지금 생각해도 이러한 답변은 그 상황에서 할 수 있는 최선이었다. 매우 다행스럽게도 필자의 답변에 대만 투자자들은 상당히 공감하는

포모사 본드 발행 내역

항목	내용
발행자	KEB Hana bank
발행통화	미국 달러
발행일	2017.8.31.
발행규모	3억 5천만 달러
만기	2022.9.14.
금리	3개월 Libor+0.875%
주간사	CA-CIB(Credit Agricole Coporate&Investment Bank), Standard Chartered 증권

출처: Bloomberg

표정을 지었으며, 어떤 투자자는 단기적으로 지금이 한국 채권에 투자할 기회라고 생각한다고 맞장구를 쳐 주었다. 이런 생각보다 호의적인 반응이 눈물 날 정도로 고마웠다. 첫날 네 곳의 투자자들과 미팅을 마치니 불안했던 마음이 자신감으로 조금씩 채워지는 것 같았다.

타이베이에서의 로드쇼를 마치고 서울로 돌아왔지만 한반도의 상황은 특별히 달라지지 않았다. 잠시 잠잠하던 북한은 2017년 8월 28일 해군 창설 68주년을 맞아 잠수함 발사 탄도미사일SLBM의 능력을 과시하며 미국을 통째로 수장할 것이라고 위협했다. 그렇게 한반도의 긴장은 깊어져 갔다.

이러한 상황에서도 포모사 본드 발행작업은 계속되었다. 2017년 8월 30일, 드디어 발행채권에 대한 투자자의 주문을 받는 날이 되었다. 초조한 마음을 진정시키며 필자와 담당직원들은 주간사로부터 주문 결과를 기다렸다. 오후 늦게 주문상황을 집계하니 놀랍게도 발행목표 금액의 2배가 넘는 주문이 들어왔다. 당초 발행목표가 3억 불인데 6억 7천만 불의 주문이 들어왔고, 투자자들의 반응에 호응하여 최종 발행금액을 3억 5천만 불로 증액할 수 있었다.

지금 생각하면 무모한 시도라고 할 수도 있다. 한반도에서 미사일이 지속적으로 발사되는 상황에서 해외 투자자금 모집 작업을 강행했고, 코리아 디스카운트를 극복해 보자는 일념하에서 나름의 논리와 성실한 답변으로 투자자들을 설득하여 좋은 결과를 얻을 수 있었다. 필자는 미사일이 날아오는 상황에서도 필자의 은행과 대한민국을 믿어 준 대만의 투자자들에게 지금도 감사한 마음을 갖고 있다.

시간이 흘러 2018년 6월 미국의 트럼프와 북한의 김정은은 싱가포르 정상회담을 극적으로 성사시킨다. 2017년 한반도의 긴장이 최고조에 이를 때 이러한 회담이 있을 것이라고는 누구도 예상할 수 없었다. 그러나 앞으로도 남북통일이 되지 않는 한 대한민국의 국민들에게 한반도의 지정학적 상황은 굴레이자 운명이고 코리아 디스카운트라는 단어는 존재할 것이다.

* * *

한국인들은 이 굴레를 극복해야 한다는 의지를 갖고 도전해야 한다. 한국을 믿어 주는 투자자들을 향하여.

필자는 해외 지점에서 송부한 자산부채관리보고서Asset Liability Management Report를 뚫어져라 보고 있었다. 인터넷이 없던 시절 해외 점포가 본부에 송부하는 보고서는 모두 팩스로 전달되었다. 희미한 팩스의 숫자를 해독하던 중 필자는 자신도 모르게 중얼거렸다.

"이거 리스크가 있는데?"

필자는 상사에게 보고했다.

"암스테르담 지점이 브래디 본드Brady Bond를 5백만 불을 보유하고 있는데, 이게 고정 금리채입니다. 그런데 이 지점이 조달을 모두 변동금리로 하고 있어서 금리가 상승하면 금리 마진이 축소될 위험이 있습니다."

필자는 글로벌 네트워크를 포함한 은행 전체의 외화자금 자산부채관리ALM: Asset Liability Management를 담당하고 있었다. 그런데 당시의 외화

브래디 플랜 Brady Plan**과 브래디 본드**Brady Bond
브래디 플랜은 1980년대 멕시코 등 중남미 국가들의 채무불이행 사태가 발생하자 미국의 재무장관인 니콜라스 브래디Nicholas Brady가 발표한 개발도상국 채무구제 방안을 말한다. 1989년 브래디 재무장관은 이들 국가의 채무를 일부 탕감해 주는 한편, 미국 정부가 지급 보증하는 최장 30년 만기의 채권인 일명 '브래디 본드Brady Bond'를 발행해 개발도상국들의 채무상환을 도와 당시 외채 위기를 겪던 남미 국가들은 물론 필리핀과 불가리아 등도 혜택을 받았다. 특히 중남미 국가들의 경제 회복에 크게 기여했다는 평가를 받았다.
출처: 매경닷컴

자산부채의 대부분이 변동금리 기준이었기 때문에 금리 변동에 따라 수익이 변동할 위험이 거의 없는 상태였다(대부분의 자산 및 부채의 금리조건이 리보Libor금리에 연동되어 있어서 시중 금리가 올라가면 자산·부채의 금리 수준이 동시에 올라가고, 떨어지면 동시에 떨어져서 수취금리와 지급금리의 차이금리 마진이 크게 변동하지 않았다).

필자는 국내 은행에서는 초기 단계인 ALM 업무를 담당했지만, 단순한 자산부채 구조 때문에 금리 리스크에 대해서는 특별히 고민거리가 없어 해외 점포의 정기적인 보고서를 챙기기만 하면 되는 다소 지루한 생활을 하고 있었다. 그러던 중 암스테르담 지점의 보고서에서 자산부채 금리구조의 차이에 의한 금리 리스크 가능성을 발견했다. 브래디 플랜이라는 외부의 요인으로 암스테르담 지점은 어쩔 수 없이 고정금리 자산을 갖게 되면서 발생한 상황이었다. 필자는 미묘한 쾌감을 느끼기 시작했다.

'그래, ALM이 존재하는 이유는 바로 이런 것 때문이다. 이번 기회에 ALM의 중요성을 확실히 각인시켜 주겠다!'

필자는 며칠간의 검토를 거쳐 해결 방안을 마련하고 상사에게 브리핑을 했다.

"금리 스와프Interest Rate Swap 거래를 해야 합니다!"

금리 스와프 Interest Rate Swap
거래 상대방과 일정 기간 동안 변동금리를 주고 고정금리를 받거나 그 반대로 하는 거래. 기존에 보유한 자산부채의 금리 성질(변동 또는 고정)을 이 거래를 통해서 변경할 수 있다.

금리 스와프 예시

거래 내용		금리손익 (연율)	비고
고정금리채권 보유(a)		+5.00%	고정금리자산
스와프 거래	고정금리 지급(b)	−3.00%	
	변동금리 수취 (c)	+Libor	
종합결과(a)+(b)+(c)		Libor+2.00%	변동금리자산 보유

고정금리 자산을 변동금리 자산으로 바꾸는 금리 스와프를 제안하였다. 때마침 국제금리도 상당히 떨어진 상태이기 때문에 금리 스와프를 하기에는 타이밍도 좋은 시점이었다. 금리가 떨어지면 고정금리 자산의 금리수입과 변동금리 부채의 금리지출의 차이, 즉 금리마진이 커진 상황이고 이 상태를 스와프를 통해 확정하면 향후 높아진 마진을 계속 누릴 수 있기 때문이다. 필자의 제안에 대해 본점 내부에서 반대가 없었고, 암스테르담 지점은 특별한 의견이 없었다.

"Interest Rate Swap, US Dollar 5 Million KEB pay fixed ××%, receive 3 Month Libor done."

거래는 은행의 금리 스와프 딜러를 통해 외국계 은행과 실시하였다. 이후 암스테르담 지점은 향후 금리변동과 무관하게 안정적인 금리마진을 향유할 수 있게 된 것이다. 필자는 뿌듯했다. 대리급인 필자의 제안으로 은행자산의 위험 관리 액션이 실행된 것에 대해 스스로 만족하고 있었다. 그리고 얼마 후 은행감독원(현 금융감독원의 전신) 검사를 받게 되었다. 검사가 시작되자마자 검사역이 필자를 호출하였다.

"이 금리 스와프 거래는 왜 했습니까?"

필자는 거래의 배경을 설명하고 금리 스와프의 효과에 대해서도 언급했다. 언제나 그렇지만 은행원들에게 감독원 검사는 부담스럽고 힘들다. 잘못한 것이 있건 없건 주눅이 들게 마련이다. 필자는 매우 이례적인 거래 형태에 대해 검사역의 불호령이 있지 않을까 잔뜩 긴장하고 있었다. 잠시의 정적이 흐르고 검사역이 입을 열었다.

"은행의 리스크 관리가 훌륭합니다. 이렇게 실질적으로 관리하는 사례는 처음 보았습니다. 이 건을 우수 사례로 해서 타 은행에도 전파하고 싶습니다."

검사역의 입에서 뜻밖의 칭찬이 나오자 필자는 얼떨떨했다.

'은행 생활하면서 검사역에게 칭찬을 받다니!'

감격스러워서 눈물이 날 것 같았다. 그리고 몇 달이 흘렀다. 상사가 급하게 필자를 불렀다.

"강 대리! 좀 골치 아프네. 저번에 금리 스와프 한 거 있지?"

"네."

"암스테르담 지점장이 그거 어떤 인간이 한 거냐고 엄청 화낸다는데."

"네?"

"지금 금리가 계속 떨어지고 있잖아. 그때 스와프를 안 했으면 금리 마진이 더 커졌을 텐데, 쓸데없이 스와프를 하는 바람에 그 시점에서 마진이 고정되었다는 거지. 그 지점장 은행에서 잘 나가는 양반인데 우리 찍히면 어쩌냐?"

금리 스와프를 통해 마진을 확정시킨 후 금리가 더 하락했기 때문에 결과적으로 금리 스와프를 하지 않았으면 수익이 더 날 수 있었다는 말이었다. 상사의 말이 귓전을 때렸고 필자는 허탈했다. 두려움이 느껴졌다. 그러나 다행히 시간이 흐른 후 이 건으로 인한 더 이상의 질타는 없었다.

* * *

금융기관의 복잡한 자산부채를 관리하는 데 있어 여러 가지 이론과 기법이 있다. 그러나 앞으로의 시장상황은 누구도 알 수 없기에 상식적인 예측과 판단에 의해 의사결정이 이루어진다.

의사결정에는 책임이 따른다. 그것은 현실이다. 따라서 어느 금융기관이건 자산운용 파트와 리스크 관리 파트는 불편한 관계에 빠질 수 있다. 물론 필자가 겪은 일은 지금처럼 리스크 관리가 체계화되어 있지 않았던 오래전의 일이다. 그러나 거래의 결과에 대한 책임이라는 본질은 예나 지금이나 다를 바 없다. 매우 공교롭게도 26년의 시간이 흐른 후 필자는 앞서 언급한 상황과 유사하지만 반대의 입장에서 리스크 파트와 갈등을 겪게 된다. 다음 장章에서 그 이야기도 하고자 한다.

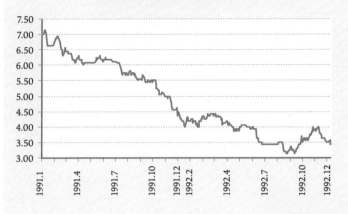

3개월 US Dollar Libor 금리 추이(%)

데이터 출처: Bloomberg

9 ------ "금리가 계속 올라가는데 뭐 하고 있는 겁니까?" — 채권시장의 거대한 변화

KEB하나은행 을지로 본점 대회의실.

잘 갖추어진 회의실의 널찍한 유리창 너머로 8월의 햇살이 넘쳐 나고 있었다. 그러나 필자의 마음은 암담함 그 자체였다. 미국 금리가 본격적인 상승세를 보이면서 채권 가격이 대폭 하락할 것이라는 공포가 시장에 만연한 상태였다. 은행의 전반적인 리스크 상황을 점검하는 월례 회의에서 리스크 파트의 날 선 지적에 필자를 포함한 자금 그룹의 담당자들은 곤욕을 치르고 있었다.

"금리가 계속 올라간다는데 뭐 하고 있는 겁니까?"

"채권을 대거 매각하든지 헤지 포지션을 취해서 손실을 최소화해야 하는 것 아닙니까?"

리스크 파트의 지적에 필자는 대응하지 못하고 있었다. 당시 상황에서는 당연한 지적이기 때문이다. 미국에서는 연일 경기가 호황임을 입증하는 데이터가 쏟아지고 있었다. 경제성장률, 실업률, 주식시장 어느 것 하나 모자라지 않았다. 미국의 금리 인상이 확실시되자 한국에서는 한미 간의 금리차에 대한 우려가 나오면서 금리 상향 압박이 거세지고 있었다.

"지금 금리상승 확률이 높은 것은 사실이지만 유동성 목적의 은행

채권자산을 대거 매각하는 것은 바람직하지 않으니 좀 더 신중하게 생각해야 합니다. 시장상황은 계속 면밀히 주시하고 있습니다."

필자는 원론적인 답변을 했지만 공격에 대한 수비로는 너무나 미약한 것이었다. 매월 있는 회의에 들어가고 싶지 않을 정도로 스트레스가 심했다.

'포트폴리오 운영에 대한 모든 책임은 자금그룹이 지는 것이다. 리스크 파트의 의견을 귀담아 들어야겠지만 결정은 내가 하는 것이다.'

이렇듯 스스로에게 강하고 현명해져야 한다는 주문을 걸어 보지만 밀려오는 두려움과 외로움에 치를 떨어야 했다. 조 단위의 은행자산을 책임진 사람으로서 피할 수 없는 업보였다. 당시 필자의 소관인 딜링 룸은 하루하루가 살얼음판이었다. 연일 계속되는 미국 경제의 호황 시그널은 채권 운용자들의 폐부를 깊숙이 찌르고 있었다.

"미국 금리 전망은 어떻습니까?"

당시 필자가 글로벌 은행의 이코노미스트들을 만날 때마다 수없이 질문했을 때 대부분 답변은 이렇게 나왔다.

"미국 기업실적은 당분간 호조를 보일 것이고 고용시장은 매우 타이트합니다. 금리가 상승할 수 있는 요인이 아주 많습니다."

당시 상황은 이러했다. 이런 상황에서 필자는 어떤 결정을 내렸고 그 결과는 어떠했을까?

＊ ＊ ＊

2019년 2월 미국의 채권왕Bond King이라 불리던 빌 그로스Bill Gross는 시장에서 영원한 은퇴를 선언한다.

빌 그로스. 그는 누구인가?

채권시장 종사자라면 누구나 들어 본 위대한 이름. 한때 자산가치 3천억 불에 이르는 세계 최대 규모의 토털리턴 펀드Total Return Fund를 운영하며 세계 채권시장을 쥐락펴락했다. 채권시장에서 그의 영향력은 절대적이었으며 금융당국자들까지 그의 의견에 귀를 기울일 정도였다. 그러나 2011년 이후 실적 부진으로 비판받다가 2014년 40년간 일해 온 PIMCO의 대표에서 물러났다. 이후 야누스 펀드Janus Fund를 스스로 설립하고 재기를 노렸지만, 그 펀드 또한 설립 이후 자산가치가 크게 하락하면서(야누스 펀드 A share 최초 가치 대비 2018년 말 기준 −11%) 2019년 2월 빌 그로스는 시장에서의 영원한 은퇴를 선언했다. 도대체 무엇이 48년 경력의 채권왕, 빌 그로스를 시장에서 영원히 사라지게 했을까? 우선 빌 그로스가 은퇴 전까지 시장에서 주장한 내용을 살펴보자.

빌 그로스와의 인터뷰 내용

'채권시장은 하락장bear market에 들어갔다. 10년물 미국 금리는 점진적으로 상승하여 1년 내에 3%에 도달할 것이다…(중략)…채권금리가 상승한다는 것은 채권 가격이 하락하는 것이므로 채권금리로 일정 수익률을 얻는다 해도 종

합적으로 투자자가 얻을 수 있는 것은 없다.'

…(전략) 앞으로 금리가 올라가면 (채권투자의) 수익률은 고작 0에서 1% 사이에 불과할 것이라고 빌 그로스가 말했다. 현재 빌 그로스는 미국 정부채를 가지고 있지 않다. 오히려 약간 네거티브 익스포저negative exposure이다… (중략)… 이제 빌 그로스는 투자등급 및 하이일드high yield(투자등급 미만—필자 주) 미국 채권 및 비미국 회사채, 그리고 비미국 정부채(아르헨티나를 포함한)를 보유하고 있다. 최근 그의 펀드 내역 공개 자료에 따르면…(후략)

출처: CNBC(2018.2.23)

상기 기사 중 네거티브 익스포저Negative Exposure란 해당 자산의 가격이 떨어지면 수익이 날 수 있는 구조의 포트폴리오를 말한다. 빌 그로스의 경우 당시 금리가 올라간다고 예상했기 때문에(채권 가격이 떨어진다) 채권의 가격이 떨어지면 수익이 나는 구조로 포트폴리오를 만든 것으로 보인다.

다시 말하자면 빌 그로스는 2018년 초 당시에 금리상승을 예측하여 채권의 보유를 최소화한 후, 수익 창출을 위해 일부 매도 포지션까지 취한 것이다. 또한 수익률 보전을 위해 비非미국계 채권을 적극적으로 보유하였다. 빌 그로스가 운영한 야누스 펀드가 2018년 5월에 급격한 가치 하락을 보인 직접적인 원인은 독일 정부채 가격하락에 강하게 배팅한 것이 빗나간 것이었는데, 그해 5월 이탈리아 정부의 유로존 탈퇴 가능성이 거론되면서 유럽의 안전자산인 독일 정부채의 가격이 급상승했다. 보다 근본적인 원인은 금리상승이라는 대전제하에 채권 운용자로서 운신의 폭이 좁아지자 수익을 올릴 수 있는 전략을 무

9 "금리가 계속 올라가는데 뭐 하고 있는 겁니까?"—채권시장의 거대한 변화

리하게 추진한 것이었다. 그리고 그러한 무리수는 자신을 쫓아낸 회사 PIMCO와의 처절한 경쟁심에서 비롯되었다. 빌 그로스는 자신의 이런 심정을 언론을 통해 노골적으로 표출하였다.

존경받는 펀드 매니저 빌 그로스는 잊고 싶은 한 해를 보내고 있다

…(중략)… "나의 모든 저녁 시간은 그들(PIMCO)을 이기는 데 할애되었다." 그로스는 2018년 4월 본지(뉴욕 타임스)와의 인터뷰에서 말했다. "당신이 보고 있듯이 나는 매일매일 계속해서 그것(내가 PIMCO를 이긴다는 것)을 입증해야 한다."

출처: New York Times (2018.5.30)

사실 당시에 빌 그로스의 금리상승 예측과 그에 따른 전략은 매우 상식적이고 이성적인 것이었다. 대부분의 시장 참여자들도 빌 그로스가 생각하는 것처럼 금리상승이 매우 큰 폭으로 상당 기간 동안 지속될 것이라고 예상하고 있었다.

"당신은 더 큰 인플레이션과 더 많은 Fed(의 금리인상)를 걱정해야 한다."

출처: Wells Fargo 금리전략가, CNBC 인터뷰(2018.2.14)

"월 고용 지표가 2월 2일에 발표되었다 …(중략)… 이 수치는 경제가 완전 고용으로 가고 있고 인플레이션이 부상하고 있다는 것을 보여 준다. …(중략)… 그런 와중에 최근의 트럼프 행정부의 법인세, 개인소득세 감세 개편은 경제가 full capacity에 접근하도록 하여 경기과열양상을 초래할 수 있고

Fed로 하여금 금리인상 과정을 보다 공격적으로 진행하도록 부추기고 있다."

출처: Reuter 논평(2018.2.14)

"우리는 채권시장 버블에 처해 있다. 그리고 그것은 (거품이 꺼져 가는) 되돌림을 시작하고 있다. 채권 가격이 너무 비싸다."

출처: 앨런 그린스팬Alan Greenspan, CNBC 인터뷰(2018.3.1)

"미국의 장기금리는 오르고 있다. 아마도 계속해서 오를 것 같다. 지난 20개월 동안 미 정부채 10년물 금리는 1.38%에서 2.94%로 두 배 이상 올랐다…(중략)… Fed는 이제 정책금리를 올리기 시작했다. 그리고 향후 몇 년 동안 점차 올려서 2020년까지 3% 또는 그 이상으로 올릴 것이다. 그러한 금리 인상은 장기채권 금리를 끌어올릴 것이다…(중략)… 실업률이 4.1%에 불과하고 달러가 약세인 상황에서 투자자들의 기대 인플레이션율은 올라가고 있다…(중략)… 정부예산 적자가 커지고 정부부채가 상승하는 상황은 역시 장기금리를 밀어 올릴 것이다.

출처: 마틴 펠드스타인Martin Feldstein 하버드대 교수, Business Standard 인터뷰(2018.3.1)

2008년 이후 미국 실업률 추이
(단위: %)

데이터 출처: Informax

이와 같이 시장을 움직이는 유력한 전문가들과 언론들은 대부분 금리 상승을 강력하게 예상하였다. 그리고 이러한 주장들은 정책금리 결정권자들의 생각을 읽을 수 있는 기록인 미 연준 의사록Fed Minutes에서 다시 한 번 확인된다.

"의사록 요약판에 따르면 모든 참석자가 향후 몇 달 동안 경제가 강해지고 인플레이션이 상승할 것이라고 예상했다. 전반적인 분위기는 향후 Fed가 금리인상을 지속할 것이라는 믿음을 더욱 확고히 하는 것이었다."

출처: CNBC(2018.4.11)

실제로 당시의 미국 경제성장률, 고용지표는 지난 몇 년간과 비교할 때 최고의 수준을 보여 주고 있었다.

또한 경제상황 외에도 금리가 올라가야 한다는 당위성이 금리 상승을 지원하는 요인으로 인식되었다. 즉 2008년 글로벌 금융위기에 대한 대응책으로 미국의 금융당국이 취했던 대대적인 금융 완화정책을 이제는 정상화해야 한다는 주장이었다. 미국 금융당국이 금융위기에 대응해서 취한 조치는 크게 두 가지이다. 정책금리 인하와 양적완화이다. 미국 경제가 이제 정상화되었으니 두 가지 위기 대응정책도 변화되어야 한다는 것이다. 즉 금리는 올리고 양적완화는 중단해야 한

양적완화Quantitative Easing
기준 금리 수준이 너무 낮아서 금리인하를 통한 효과를 기대할 수 없을 때 중앙은행이 다양한 자산을 사들여 시중에 통화공급을 늘리는 정책이다.

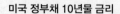

미국 정부채 10년물 금리
(단위: %)

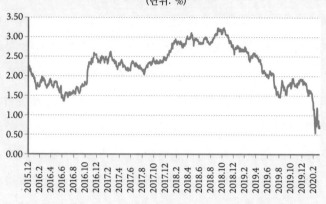

데이터 출처: Bloomberg

미 연준 정책금리 추이
(단위: %)

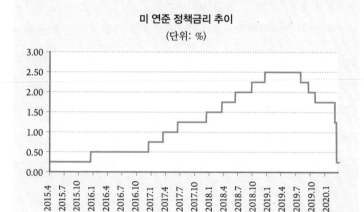

데이터 출처: Informax

다는 것이다. 양적완화의 중단은 채권시장의 수요 감소로 채권 가격의 하락, 장기금리의 상승을 초래하는 것이다.

이와 같이 모든 상황이 금리상승을 강하게 시사하고 있는 상황에서 채권 운용자가 수익을 올리는 것은 지극히 힘든 일이며 그런 와중에도 수익을 올리기 위해 빌 그로스는 여러 가지 공격적인 투자전략(네거티브 익스포저 등)을 구사한 것이다. 그러나 그렇게도 확실해 보이던 금리상승이 예상대로 실현되는 듯하다가 2018년 11월을 기점으로 하락세로, 그것도 매우 가파르게 돌변한다. 빌 그로스가 예측한 3%(미국 정부채 10년물 수익률 기준)를 잠시 돌파하는 듯하더니 줄곧 하락세로 이어졌다. 급기야 2020년 코로나 바이러스 사태를 맞자 3월 말을 기준으로는 0.67%까지 하락한다.

시장금리의 하락세가 이어지고 드디어 미국의 정책금리 결정기구인 연방정부준비위원회(연준)는 2019년 7월 31일 연방기준금리Fed Fund Rate Target를 2.25~2.50%에서 2.00~2.25%로 0.25% 내렸다. 이것은 2008년 금융 위기 이후 시행했던 금융완화정책을 종식하고 점진적인 금리인상을 통해 금리정상화를 시도했던 미 연준의 정책에 중대한 변화가 있음을 보여 준다.

이후 미 연준은 수차례 금리인하를 시행했고 2020년 3월 코로나 바

정책금리

통화 당국이 시장금리에 영향을 미칠 목적을 가지고 공식적으로 결정하는 금리를 말한다. 즉 정책금리는 금융시장에 대한 정책적 의지를 반영하여 금융당국이 정하는 것이다. 반면 시장금리는 금융상품의 수급에 따라 시장 가격으로 정해진다. 정책금리와 시장금리는 일반적으로 높은 상관성을 가지고 움직이지만, 경우에 따라서는 서로의 움직임이 어긋나는 경우가 있다. 정책당국과 시장의 판단에 괴리가 발생하기 때문이다.

각국의 정책금리

국가	금리결정주체	금리명칭
한국	한국은행 (금융통화위원회)	한국은행기준금리
미국	연방준비제도 (준비제도위원회)	Federal Fund Rate Target
유럽	유럽중앙은행	Refinancing Rate

출처: KDI 경제정보센터

이러스 사태까지 터지자 기준금리를 0~0.25%까지 떨어뜨려 제로금리 상태로 돌입하였다(정책금리에 대해서는 뒤에서 다시 설명).

2018년 후반기의 금리하락 현상에 대해서는 반드시 설명이 필요하다. 왜냐하면 일반적으로 금리 방향을 정하는 경기, 고용지표가 이 기간 동안에도 여전히 금리상승을 시사하고 있었기 때문이다.

통상적인 경기순환과 금리의 변동의 논리는 다음과 같다. 채권펀드 매니저들은 다음과 같은 논리를 바탕으로 자금 운용전략을 수립한다.

A. 경기호황 국면을 나타내는 높은 성장률과 낮은 실업률

B. 인플레이션 우려

C. 정책금리의 인상

D. 채권금리(시장금리) 상승

(C, D는 동시에 일어나거나 D가 선행하기도 한다.)

A에서 D로 이어지는 것이 통상적인 현상인데 이 시기에는 D까지 가는 듯하다가 다시 D 단계에서 채권금리가 주저앉고, C로 돌아가서 정책금리를 인하해야 하는 현상이 발생한 것이다. 한국의 경우 A, B 단계는 미국과 다소 상이하나 C, D 단계는 유사하게 진행되었다. 이 과정에서 전통적인 경제 이론을 바탕으로 채권 운용을 했던 사람들은 큰 피해를 입었고 그 대표적 사례가 빌 그로스인 것이다.

도대체 시장에서 무슨 일이 있었던 것일까? 왜 주요 경제지표들이 호황 국면을 보이고 있는데 시장금리가 하락하고 이어서 정책금리도 내렸을까?

이러한 현상에 대한 설명으로 2018년 말부터 본격화된 미·중 무역전쟁 및 그에 따른 환율전쟁을 언급하는 사람들도 있지만, 이것(무역전쟁으로 경기가 침체하고 환율전쟁으로 미국이 저금리를 유지하고자 한다는 논리)은 매우 피상적인 설명이다. 경제지표와 금리의 부조화 현상을 설명하는 설득력 있는 설명으로 필자가 강하게 동의하는 생각을 결론부터 말하자면 '고용, 성장, 정책금리, 시장금리로 이어지는 전통적인 고리가 약화되었으며 그것을 촉발한 것은 4차 산업혁명'이다.

금리 이야기를 하다가 웬 4차 산업혁명인가? 뜬금없는 스토리라고 말할 수도 있겠지만 그 내용은 다음과 같다.

4차 산업혁명이 가져온 변화

4차 산업혁명으로 인한 경제구조의 변화는 소득과 고용의 증가가 진정한 경기호황을 의미하지 않는 상황이 된 것으로, 그 이유는 분배 불균형 심화에 있다. 즉 4차 산업혁명이 주도하는 경제구조하에서 표면적인 소득과 고용이 개선되어도 분배의 불균형으로 인해 진정한 수요창출과 호황기에 대처하는 정책(금리인상 등) 시행이 어렵게 되었고, 이것이 채권금리에 반영되었다. 이것은 2018년 전후의 채권시장을 관찰한 결과 시장의 움직임을 설명할 수 있는 필자의 가설이다. 필자는 학자가 아니기 때문에 이 가설을 연구를 통해 검증할 수 있는 입장은 아니지만, 누군가 이것을 연구를 통해 새로운 시장의 패러다임으로 입증한다면 대단한 학문적 성과를 이루게 될 것이다.

미 연준 의장 Jay Powell에게 묻고 싶은 세 가지 질문—Rana Foroohar

10년의 시간과 4조 달러의 양적완화 이후 우리는 긴축 국면의 시작에 왔다. 그러나 임금 상승이 현재 기록적인 수익 마진을 누리고 있는 미국의 기업에 어떠한 나쁜 영향을 주었다고 보기 어렵다…(중략)… 신기술은 시장에 강력한 디플레이션 효과와 파괴적인disruptive 효과를 계속 발휘하고 있다. 아마존의 확장이 월마트에 미치는 영향을 보라. 또는 대형기술산업에 의해 재구성되는 미디어와 헬스케어 등 기타 다른 산업에서의 처절한 합병을 보라…(중략)… 어쨌든 미국의 대기업과 대부분의 근로자의 재운財運, fortunes이 근본적으로 달라지고 있다는 점은 분명하다.

출처: Financial Times(2018.2.26)

여기서 경제구조의 변화란 소득을 창출하는 주체의 변화이다. 대표적인 사례가 미국의 대표적인 기업 제너럴 모터스General Motors와 페이

GM과 Facebook의 시가총액 추이
(단위: 십억 달러)

데이터 출처: Bloomberg

스북Facebook이다. 제너럴 모터스는 오랜 시간 동안 수많은 종업원과 방대한 거래처를 거느린 미국의 대표기업이었다. 반면 페이스북은 기술과 아이디어를 무기로 소수 창업자와 개발자들이 막대한 부가가치를 창출한다. 같은 돈을 벌어도 제너럴 모터스가 버는 것과 페이스북이 버는 것은 경기에 미치는 파급 효과가 천지 차이이다. 그런데 어느 순간부터 페이스북 등 4차 산업혁명의 대표주자들이 부상하면서 제너럴 모터스를 순이익, 시가총액에서 압도하고 그 차이는 점점 더 벌어지고 있다. 경기파급 효과가 큰 기업은 상대적으로 위축되고 소수의 독점적 이익을 누리는 기업은 더 강해지고 있다.

2008년 금융위기 이후 미국 주식시장은 4차 산업혁명 관련 기업들이 이끌었다는 점은 누구도 부정할 수 없다. 이와 같이 미국 경제의 구조가 4차 산업혁명 관련 기업들 중심으로 변화하고 있다. 이렇게 4차 산업혁명 관련 기업들이 성장할수록 고용 효과 및 그에 따른 소득의 파급 효과는 축소된다. 즉 경제가 성장을 해도 고용증가 효과는 예전만 못하고 고용이 증가된다고 해도 그것이 경기와 인플레에 미치는 영향이 갈수록 축소된다는 것이다.

이러한 현상은 채권 펀드매니저들의 운용전략에 직접적인 영향을 미쳤다. 즉 전통적으로 미국 금리에 가장 큰 영향을 주었던 경제지표는 비농업 취업자수nonfarm payroll에 나타나는 고용증가 등 단순한 양적 고용지표였는데, 2018년을 전후하여 분배의 개념을 담은 시간당 임금 등으로 변화하고 있다. 2018년 당시 종전의 사고방식으로 경기상황을 판단하여 금리상승을 예상하고 채권 운용전략을 수립한 펀드매니저들은 피해를 볼 수밖에 없었다.

고용지표와 채권금리의 전통적 관계

채권을 운용하는 사람에게 금리에 영향을 주는 경제지표 중 가장 중요한 것은 미국의 고용지표, 그중에서도 '비농업 취업자수Nonfarm Payroll'이다. 필자가 은행 딜링룸에 처음 들어왔던 1988년부터 매월 첫째 금요일은 뉴욕시장이 오픈할 때까지 반드시 야근을 했다. 그 이유는 매월 첫째 금요일이 미국에서 고용지표가 발표되는 날이기 때문이다. 미국의 고용지표는 미국 채권시장, 더 나아가 전 세계 채권시장에 막대한 영향을 주는 중요한 숫자임에 분명했다. 고용지표가 이렇듯 중요한 것은 당연히 그것이 가지고 있는 본질적 의미, 즉 먹고사는 문제를 의미하기 때문이다. 경제정책을 수행하는 사람들 입장에서 고용이 가지는 정치·경제적 의미를 중시하는 것은 당연할 것이다.

보다 구체적으로 말하자면 고용지표, 그중에서도 비농업 취업자수는 고용의 상황을 가장 빠르게 반영하여 보여 주는 숫자이고, 금융당국의 정책금리(미국의 경우 Fed Fund Rate Target)의 향방 및 고용에서 파생되는 경기 · 물가 동향에 따른 인플레이션과 그에 따른 시장금리의 방향을 예측하는 척도라고 시장은 판단했다. 그리고 오랜 시간 동안 실제로 채권시장은 고용지표 결과에 따라 크게 흔들렸다. 필자가 젊은 시절에는 딜링룸 동료들과 농담으로 미국 고용지표를 산출하는 직원을 개인적으로 알고 있으면 채권 딜링으로 떼돈을 벌 수 있을 것이라고 말하곤 했다(실제로 그런 일이 벌어지면 미국에서는 당장 FBI에 잡혀갈 것이다).

필자는 4차 산업혁명과 그에 따른 분배의 문제에 대한 당위성 논쟁을 할 의도는 없다. 그것은 경제학자, 사회학자, 경제정책 담당자 및 정치인들의 과제이다. 다만 필자가 주목하는 것은 4차 산업혁명이 계속 진행되어 소득 · 고용의 경기파급 효과가 축소된다면 구조적인 저금리 국면을 초래할 가능성이 있다는 점이다. 그러나 2018년 당시 많은 채권 펀드매니저들은 이러한 구조의 변화를 간과했고, 그 결과 지속적인 금리상승을 예상하는 등 혼란을 겪었다.

필자도 2018년에 채권 운용을 하면서 비슷한 상황에 처했고, 향후 금리의 방향을 어떻게 볼지 고민해야 했다. 그리고 채권 운용의 의사결정 과정에서 조직의 관련 주체들(리스크 파트 등)과 힘겨운 논쟁을 거쳐야 했다. 그러한 과정에서 필자가 접했던 상황을 시간의 순서대로 기억해 본다.

저금리 시대가 끝난 것일까?―채권의 고난시대

 2016년에서 2017년까지 2년간은 채권 딜러들에게는 악몽과 같은 시간이었다. 2008년 이후 지속적으로 하락하던 채권금리의 대반전이 본격화되었기 때문이다. 2008년 글로벌 금융위기에 대한 대책으로 추진했던 미국 금융당국의 적극적인 시장개입 정책은 매우 획기적이었다. 종전의 정책금리 조정을 통한 간접적 시장조성을 뛰어넘어 채권시장에 직접 개입, 달러자산을 매입하며 시장에 개입하였다(양적완화). 그 결과 채권금리는 10년 가까이 대세하락세를 유지하였다. 미국 금융당국은 이러한 조치는 매우 창의적이고 강력한 것이라고 스스로 평가하였다.

벤 버냉키|Ben Bernanke 미 연준 의장 발언

 세계 경제를 강타한 1930년대 위기 이후 최악의 금융위기가 발생한 지 2년이 지났다. 미국 내외의 정책결정자들의 공조로 미 연준은 강력하고 창의적인strong and creative 방법으로 금융시스템과 경제의 안정에 도움이 되도록 대응하였다.

출처: Washington Post 칼럼(2010.11.4)

 하지만 2016년 중반까지 하락세의 절정을 보여 주던 채권금리는 점차 호조를 보이는 고용, 인플레이션 지표를 바탕으로 미 연준의 금리인상 기대와 함께 상승세로 반전되었다. 채권금리의 상승으로 필자의 소관인 채권 포트폴리오의 평가손은 커져만 갔다. 그리고 또 하나의 사건이 발생했다. 그것은 2016년 11월 트럼프가 미국 대통령으로 당선된 것이다.

통상 미국 국채의 가격은 미국 시장(특히 뉴욕) 개장 시간이 지나면 거의 움직이지 않는다. 주요 뉴스는 미국 시장을 중심으로 나오기 때문이다. 예외적인 경우가 미국 외에서 전쟁 등 돌발적 이벤트가 발생하는 경우이다. 그런데 2016년 11월 9일 대통령 당선 확인이 뉴욕 시간으로 밤중에 이루어지다 보니 한국의 증권시장 장중에 미국 국채시장이 크게 흔들렸다. 당선 확정의 뉴스가 나오는 순간 미국 국채의 가격이 크게 상승하였다. 트럼프의 친기업적 정책기조가 저금리를 유도할 것이라는 해석이었다. 그러나 불과 몇 분이 지나지 않아 금리는 상승세로, 국채 가격은 하락세로 돌변하였다. 트럼프가 인프라 확충을 통한 수요확대 정책을 추진할 것이라는 해석이 나왔기 때문이다. 세계 최대의 채권시장인 미국 국채시장에서 시장 참여자들이 이렇게 우왕좌왕하는 경우는 매우 이례적이다. 그만큼 당시 금리의 방향에 대해 시장 참여자들이 갈피를 못 잡고 있다는 것을 보여 주는 상황이었다. 어쨌든 트럼프의 당선과 함께 그동안의 글로벌 위기 국면을 벗어나 미국 경제가 정상화될 것이라는 기대가 팽배해지고 금리상승은 탄력을 받게 된다. 그 후 약간의 조정이 있었지만 채권금리는 대세상승을 보여주었다.

트럼프 당선 이후 2017년 내내 국내외의 모든 시장 참여자들은 미 연준의 정책금리 인상 가능성에 대해 논하였다. 그리고 그 가능성은 실현되기 시작했다. 미 연준은 2008년 위기 대응의 수단으로 실행했던 확장적 통화정책을 접고 이제는 경제를 정상화시키기 위해 금리를 올려야 한다는 의지를 거듭 천명하였다.

* * *

미국 경제상황을 면밀히 관찰하면서 정책금리를 신중하게 올리겠다는 당시 미 연준 옐런Janet Yellen 의장의 교과서적인 발언이 수도 없이 반복되었지만, 누구도 금리인상에 대해 의심하는 사람은 없었다. 그 속도와 인상폭이 문제일 뿐이었다. 날고 기는 미국의 유수 금융기관들은 이제 재앙이 시작되었고, 고금리의 고통을 피할 수 없다며 채권 딜러들의 가슴을 후벼 파고 있었다.

미 연준 옐런 의장은 Fed가 금리를 크게 올릴 필요가 없다고 지적하였다

자넷 옐런 미 연준 의장은 Fed가 목적 달성을 위해 금리를 크게 올릴 필요가 없다고 수요일 발언했다. 미 하원 연설문에서 옐런은 금리가 현재 중립적인 위치에 있으며 더 심하게 올라가야 할 필요는 없다는 연준위원 브래나드 Lael Brainard의 화요일 발언을 반복하였다.

출처: CNBC(2017.7.12)

어디로 가야 하나?

2016~17년의 금리 반등기를 거쳐 2018년이 되었다. 지난 2년 동안 워낙 급격하게 올라서인지 미국 국채금리는 약간의 소강상태를 보이면서 10년물 기준 3%를 주변으로 상승도를 테스트하였다.

3%라는 숫자가 주는 의미는 컸다. 대부분의 시장 참여자들은 미 연준의 정책금리 인상과 함께 미국채 10년물의 금리도 심리적 저항선인 3%를 뚫고 하늘로 날아갈 것이라고 예상했다. 2018년 상반기가 끝나자 금리상승에 대한 공포는 더욱 커지고 있었고, 필자의 고민은 그만큼 깊어 갔다. 이러한 상황에서 채권 운용자가 할 수 있는 일은 무엇일까? 가장 적극적인 대응은 금리가 상승할 것을 예상하고 들고 있는 채권을 모두 처분하거나, 금리상승에 배팅하여 채권 쇼트 포지션(네거티브 익스포저와 같은 의미, 즉 공매도를 통해 상품 가격 하락에 배팅하는 거래)을 가져가는 것이다. 은행의 리스크 파트에서는 회의할 때마다 딜링룸을 질타하였다.

"금리가 올라가는 것이 확실한데 뭐 하고 있는 겁니까?

"쇼트 포지션으로 헤지를 하든, 채권을 팔아 치우든 대책을 내놓아야 할 것 아닙니까? 앉아서 손해를 보고 있어야 하는 겁니까?"

은행 내외부의 거의 모든 사람들이 금리상승을 기정사실화하는 상황에서 대응책에 대한 결론을 필자는 내려야 했다. 출근을 하면 눈이 빠지게 모니터를 보고, 운용 담당직원들과 끝없이 토론하고 이코노미스트들에게 의견을 들었다. 퇴근을 해도 머릿속은 온통 미국시장 생각으로 매일 밤 10시 반에는 뉴욕시장이 오픈하는 상황을 지켜보아야 했다. 이 세상에 수많은 분석과 의견이 넘쳐 났지만 최종적인 결론은 운용자가 스스로 결정해야 한다. 그리고 그 결정의 가장 중요한 기준은 은행의 보유자산 가치를 어떻게 보존하고 확대할 것인가였다. 고심 끝에 내린 결론은 적극적으로 매각하거나 반대 포지션을 일으켜서는 안 된다는 것이었다. 그 이유는 첫째, 금리상승에 배팅해서 움직이는 것은 유동성 확보를 제1의 목적으로 채권을 보유하는 은행의 성격에 맞지 않고, 둘째, 이미 채권 신규매입을 최소화하여 기존 보유 채권의 듀레이션이 짧아졌기 때문에 금리상승의 충격은 어느 정도 완화되었고, 셋째, 앞서 언급한 고용과 금리의 관계를 감안할 때 금리가 지속적으로 상승할 수 있는 경제상황이 아니라는 판단에서였다.

놀라운 반전

필자의 고뇌에 찬 결단에도 불구하고 미국 금리는 상승세를 지속하였고, 2018년 10월 들어 미국 국채 10년물 금리가 3%를 넘어 3.20%까지 테스트를 하는 상황이었다. 이럴 때 운용담당자의 고통은 이루 말할 수 없다. 누구도 탓할 수 없고 오로지 본인이 감당해야 한다.

듀레이션
현재가치를 기준으로 채권에 투자한 원금을 회수하는 데 걸리는 시간을 의미하는 것으로, 채권의 실효만기를 의미한다(듀레이션이 길면 시장금리 변동에 따라 채권의 현재가치 변동 폭이 커진다).

필자가 관리하는 엄청난 규모의 채권자산은 금리에 따라 가치가 크게 움직이면서 피를 말리고 있었다. 고용, 물가 등 미국 경제지표는 여전히 호황을 보여 주면서 필자를 절망으로 몰아넣는 듯했다. 그러나 이러한 일방적인 분위기 속에서 일말의 반전이 시작되고 있었으니 그 시발점은 그동안 미국 경제를 이끌어 온 4차 산업혁명 관련 기업들의 기업실적에 대한 우려였다.

기술주인 FAANG 인덱스가 6월 대비 10% 이상 하락하면서 조정국면으로 주저앉았다.

이번 달 페이스북과 넷플릭스Netflix의 실망스러운 실적에 따라 기업들의 의욕적 성장 목표에 대한 투자자들의 우려가 커지면서 시장에서 선호하는 기술주들이 하락하였다. 뉴욕주식거래소NYSE의 FAANG+인덱스는 월요일 2.8% 하락하여 6월 중순의 최고치 3,062.88에서 2,734 수준으로 하락하였다.*

출처: CNBC(2018.7.30)

미국을 이끌고 있는 이러한 대표 기업들의 실적 우려가 나오면서 미국 경제의 지속적인 성장에 대한 회의가 조금씩 나오고 있었다. 그리고 이러한 기업들이 창출하는 고용·분배 효과에 대한 논의가 함께 나오면서 지속적 금리상승에 대해 의구심을 품는 의견이 나오기 시

※ FAANG+인덱스 포함 기업: Facebook, Apple, Amazon, Netflix, Alphabet (구 Google)

작했다. 다시 말해 금리상승에 대한 의구심의 촉발은 4차 산업혁명 관련 기업들로부터였다. 끝도 없이 올라갈 것 같던 미국 국채 10년물 금리는 11월 초부터 극적으로 빠지기 시작하더니 2018년 말에는 2.60% 수준까지 하락하였다.*

필자와 운용 담당직원들은 안도의 한숨을 쉬었다. 만약 금리가 한참 올라가던 2018년 중반에 채권을 대규모 처분하거나 반대 포지션을 일으켰으면 감당하기 힘든 손실을 보아야 했기 때문이다.

금리의 방향은?

2008년 글로벌 금융위기를 극복하기 위한 미국 금융당국의 완화적 통화정책은 미국 경제의 회복이라는 확고한 업적을 낳았다. 그런데 미국 경제의 회복을 주도한 4차 산업혁명 기업들은 미국 경제의 구조를 변화시키고, 고용과 분배라는 새로운 이슈를 초래하였다. 그리고 이러한 이슈는 금리 정상화를 외치며 굳건히 금리를 인상하고자 하는 미국 금융당국을 물러서게 하였다. 앞으로 금융당국은 지금까지 해왔던 것처럼 성장률, 실업률, 주가 등의 지표 중심으로 금리의 방향을 결정하기는 어려울 것이다. 산업구조의 변화에 따른 분배와 그에

※ 이후 금리는 하락을 지속하여 2019년 6월 말에는 2.01%으로 하락하였다. 2019년 7월 미 연준은 급기야 10년 7개월 만에 정책금리를 인하했고 2020년 들어 코로나 바이러스에 의한 경기침체가 우려되자 3월 두 차례 금리인하로 정책금리를 무려 1.50% 인하하여 정책금리 목표는 0%~0.25%까지 떨어졌다.

따른 수요의 문제를 고려한다면 금리상승에 신중해질 수밖에 없다. 그리고 그러한 분위기는 시장금리(장기금리)에 반영될 것이다.

또한 2020년 코로나 바이러스 사태 이후 금리에 대한 논쟁은 당분간 의미가 없게 되었다. 전례가 없는 공포의 상황은 주요국 금융당국에게 디플레이션 우려를 확실하게 심어 주었다. 정책금리는 내릴 수 있는 만큼 내리는 상황이 되었으며 미 연준의 자랑스러운 창조물인 양적완화가 드디어 한국에 상륙하였다.

한은 한국판 '양적완화', 첫 입찰서 5조 2,500억 원 공급

한국은행이 2일 환매조건부채권 매입을 통해 5조 원대 자금을 시중에 공급한다. 무제한 돈 풀기를 개시한 후 첫 자금공급이다. 한은은 이날 오전 시중에 유동성 공급을 확대하기 위해 은행과 증권사 등을 대상으로 RP매입 입찰을 실시한 결과 5조 2,500억 원이 응찰되었다면서 이 금액을 모두 공급한다고 밝혔다.

출처: 연합뉴스(2020.4.2)

영웅과 관리자

드라마틱한 2018년을 보내고 필자는 생각했다. 과연 가장 바람직한 운용자는 어떤 사람인가? 대중은 항상 영웅을 바란다. 그리고 지금까지 능력 있는 운용자는 영웅이 되어야 했다. 워렌 버핏, 조지 소로스, 그리고 빌 그로스까지 사람들은 영웅의 무용담에 열광하고 영웅의 예언을 믿고 기다린다. 그러나 필자는 시장에서 영웅은 점점 사라져 가고 있음을 말하고 싶다. 더 나아가 혹자는 펀드 운용자의 필요성 자체를 부정하기도 한다.

펀드매니저에 대한 비판적 시각

최근 수십 년 동안 이어져 온 투자이론의 기본은 투자수익을 예측할 수 있는 사람은 존재하지 않는다는 것을 밝히고 있다. 헤지펀드매니저인 앤드류 레드리프와 리차드 비질렌티는 이렇게 말하고 있다. "만일 현대 금융 이데올로기의 모토가 있다면 바로 '생각하는 대로 되지 않는다'일 것이다".

출처: 로버트 쉴러Robert Shiller, *Finance and the Good Society*(한국 번역서명 『새로운 금융시대』), Princeton University Press, 2013, chapter2. 자산운용사*Investment Managers*.

필자가 생각하는 바람직한 운용자(또는 운용시스템)는 아래의 조건을 갖추어야 한다.

첫째, 포트폴리오의 주인(위탁자 또는 자체 운용 주체)이 추구하는 목적을 정확히 인식해야 한다. 포트폴리오의 목적이 유동성 보유인지, 수익성 우선인지? 보유기간에 있어 장기적 성장에 중점을 두는지, 단기 수익에 중점을 두는지? 필자가 금리상승기에도 적극적으로 채권을 처분하지 않았던 것은 포트폴리오의 목적을 감안한 판단이었다. 이것은 개인 투자자의 경우도 마찬가지로 노후자금을 운용하는 것인지, 아니면 단기적 수익을 적극적으로 모색하는 것인지를 인식해야 한다.

둘째, 자산의 변동을 세밀하게 모니터링하는 시스템과 어떠한 흔들림도 없이 지켜지는 내부 원칙이 있어야 한다(손절매, 자산배분 기준 등). 자산운용은 더 이상 소수의 예언자들에 의존해서는 안 된다. 철저한 모니터링과 운용 원칙에 따라 안정적으로 실행되어야 한다.

* * *

어떻게 보면 너무나 당연한 소리를 하는 것 같지만, 이 당연한 내용들이 시장이 주는 광기에 휩싸여 자주 망각되는 것이 현실이다. 시장의 변동이 주는 쾌락과 공포가 이성을 마비시키고 몇 번의 실패 끝에 예언자의 계시에 몸을 맡기고 싶은, 인간 본연의 나약한 모습이다. 그렇기에 원칙이 중요하다.

2020년 코로나 바이러스 사태로 인한 잔인한 시장상황은 자산운용자들을 무력화시키고 있다. 그러나 이런 상황일수록 운용자들은 시장의 충격에 이성을 잃지 말고 기관의 운용 목적을 생각하면서 냉정하게 대응해야 한다. 잔인한 시간에도 시장은 움직이고, 앞으로도 계속 존재할 것이기 때문이다.

"샹그릴라 호텔에 자리 체우러 잠시다." — 대한민국 정부의 달러체권 시장 데뷔 홍콩 쿼리베이Quarry Bay 영국인 학교.

필자는 딸이 다니는 학교의 담임인 영국인 교사와 마주 앉아 있었다. 콧수염을 잘 다듬은 영국인 담임은 식민지 시절 파견 나온 사령관처럼 도도해 보였다. 필자는 정기적인 학부모 면담이라고 불려 갔지만 담임의 얼굴은 무언가 불편해 보였다.

"당신 나라가 아시아 외환위기를 맞아 어려운 지경이 되어 온 가족이 본국으로 돌아가야 하는 상황 아닌가요? 그렇다면 당신 딸이 더이상 학교를 다닐 수 없을 텐데, 새 학기가 시작되면 우리 학교에 들어오려는 학생들이 많을 것이니 그만둘 것이라면 미리 나에게 알려 주시오."

필자는 콧수염을 달고 있는 영국인 담임이 대한민국을 깔본다는 생각이 들어 한 대 치고 싶은 욕구가 올라왔지만, 참고 이야기했다.

"아이가 학교를 중단하는 일은 없을 것이오. 그리고 한국이 지금은 좀 어렵지만 다시 반드시 일어납니다."

말은 그렇게 했지만 왠지 모를 서러움에 필자의 눈시울이 뜨거워짐을 느꼈다.

'나라가 어려워지니 이렇게 괄시를 받는구나.'

딸을 데리고 집으로 돌아오는 길에 있는 쇼핑몰의 전자제품 상점을 지나던 중, 주요 진열대를 차지한 일본 소니SONY와 파나소닉PANASONIC 제품 옆에 조그마한 자리를 차지하고 있는 삼성전자 로고가 눈에 들어왔다(당시 한국 제품의 위상은 그러했다). 늘상 보던 모습인데, 그날은 낯선 타국에서 동포를 만난 것 같은 느낌이 들면서 가슴이 먹먹해졌다.

* * *

1998년은 전년도에 발생한 외환위기라는 상처가 본격적으로 곪아가는 시간이었다. 사실 영국인 담임의 말처럼 은행 본점에서는 구조조정 이야기가 나오면서 인력 감축, 해외 주재원의 조기 소환 등이 거론되고 있었다. 또한 필자가 근무하는 홍콩 법인은 아시아 외환위기가 쓸고 지나가면서 입힌 상처에 존폐가 불투명한 상황이었다. 홍콩 현지와 한국의 감독당국은 홍콩 법인의 지속 가능성에 대해 점검하기 시작했고 법인에서는 이에 대응하여 정상화에 총력을 기울이고 있었다. 매일매일 힘든 날이 이어지다 보니 출근하는 것이 고역일 정도로 필자는 스트레스를 받고 있었다.

'이게 마지막 한 병이네!'

3년 전 홍콩으로 발령이 났을 때 서울에서 이삿짐으로 가져온 진로

소주 두 박스가 동이 났다. 홍콩에 부임해서 손도 대지 않았던 소주를 외환위기 이후부터 계속해서 마시다 보니 끝이 난 것이다. 이렇게 필자뿐 아니라 홍콩에 주재하는 한국인들은 집단 우울증에 걸려 있었다. 모국의 암울한 상황은 교민과 주재원들을 자격지심의 상태로 만들고 있었다. 이런 상황에서 한국으로부터 특별한 소식이 들려왔다.

'대한민국 최초로 달러 표시 정부채 발행 예정'

'투자자 미팅을 위한 로드쇼 일정은 홍콩부터 시작'

필자의 가슴은 흥분으로 가득 찼다.

'이 어려운 시기에 사상 최초의 달러 정부채 발행을 시도하다니 정말 과감하고 도전적인 발상이다. 반드시 성공해서 한국이 살아 있다는 것을 증명해야 한다!'

그러나 한국에 대한 투자자들의 반응을 직접 접하고 있는 필자는 걱정이 앞섰다.

'지금 상황에서 한국 정부의 이름으로 과연 달러채권 발행이 가능할까? 만약 발행에 실패한다면 외환관리가 더 어려워질 텐데.'

정부의 채권 발행이 잘되어야 한다는 것은 필자뿐 아니라 모든 국민에게 절실한 과제였다. 상황이 이렇다 보니 홍콩 주재 대한민국 총영사관에서도 첫 번째 투자자 미팅의 성공적인 수행을 위해 최선을 다해 지원하고 있었다. 투자자 미팅 장소는 홍콩섬에 소재한 아일랜드 샹그릴라 호텔 그랜드볼룸으로 정해졌다.

'아일랜드 샹그릴라 호텔.'

홍콩을 대표하는 고급호텔이며 각종 금융기관들이 밀집한 센트럴 지역이 시작되는 위치에 있어 투자자 미팅이 자주 열리는 곳이다. 필자는 이 중요한 행사의 역사적 현장을 보고 싶다는 생각을 하던 차에 행사 전날 총영사관으로부터 연락이 왔다.

"투자자 미팅 장소인 그랜드볼룸이 너무 커서 행사 당일 자리가 빌 경우 정부채 발행에 대한 투자자들의 관심이 부족한 것으로 시장에 알려질 수 있으니 주재원들이 대기하고 있다가 자리가 빌 경우 행사장을 채워 주었으면 좋겠습니다."

일종의 보여 주기 위한 인력동원 요청이라고 생각할 수도 있겠지만, 이런 것을 따지고 말고 할 상황이 아니었다. 정부채의 성공적 발행을 위해서라면 이보다 더한 일도 마다할 이유가 없었다. 필자는 홍콩 금융가에서 일하는 지인들을 독려했다.

"샹그릴라 호텔에 자리 채우러 갑시다."

드디어 투자자 미팅 당일이 되었다. 투자자 입장으로 자주 가는 장소이지만 샹그릴라 호텔의 그랜드볼룸은 그날따라 유난히 커 보였다. 그리고 우려했던 대로 행사 시작 직전이 되었는데 빈자리가 꽤 있었다. 대기하고 있던 필자는 다른 주재원들과 눈빛을 교환한 후 자리 채우기 작전에 바로 투입되었다.

주재원들은 빈자리를 찾아 앉아서 초조하게 행사 시작을 기다렸다.

잠시 후 행사장 전면에 정부 관계자들이 등장하고 정부채 발행에 대한 소개가 시작되었지만, 상당수 좌석은 주재원들이 차지하고 있었다.

'역시 한국 정부채 발행은 흥행이 잘 안 되는구나! 주재원들이라도 와서 빈자리를 채워 주길 잘했다.'

주재원들이 서로 눈치를 보며 초조하게 자리에 앉아 있는데 놀라운 일이 벌어졌다. 행사장 입구에서 투자자들이 밀려들기 시작하여 앉을 자리가 부족해진 것이다.

필자를 포함한 주재원들은 더 이상 자리를 채울 이유가 없었다. 관심 있는 투자자 한 사람이라도 앉히기 위해 자리를 기꺼이 양보하고 행사장을 나왔다. 필자는 투자자 미팅의 내용을 듣지도 못하고 행사장 문 밖으로 나와야 했지만 안도의 한숨을 쉬었다.

'이렇게 관심이 많으니 정부채 발행이 잘될 수도 있겠다.'

필자는 행사장 밖에 있었기 때문에 구체적인 질의응답 내용을 듣지는 못했으나 투자자 미팅이 꽤 활발하게 진행되었다. 이렇게 홍콩 투자자 미팅은 무사히 마칠 수 있었다. 그 후 나머지 투자자 미팅 일정이 끝나고 대한민국 정부의 최초의 달러채권은 성공적으로 발행되었다. 홍콩 로드쇼에서 한국 주재원들의 자리 채우기 작전이 별 도움이 안 되고 끝났지만 성공적인 발행에 일조한 것 같아서 필자의 마음은 뿌듯했다.

국가 운영을 위한 자금을 조달하기 위해 정부는 채권을 발행한
다. 통상 이것을 정부채라고 지칭한다. 미국 정부가 발행한 달러 정
부채가 US Treasury Bond이고 일본 정부가 발행한 엔화 채권을
JGBJapanese Government Bond라 한다. 그러나 정부가 채권을 발행할 때 자
국통화가 아닌 외국통화 채권을 발행하는 경우가 있는데 이 경우에는
외화정부채가 된다. 일부 국가는 자국의 외환관리를 위해 외화정부채
를 종종 발행한다.

정부채는 채권시장에서 중요한 의미를 가진다. 자국통화 표시 채권
에 대해서는 신용위험이 없는 채권으로 간주되기 때문에(자국통화의 발
권을 통해 얼마든지 채무를 상환할 수 있다는 가정으로) 동일한 만기에서
정부채 수익률과 비정부채 수익률의 차이는 그 비정부채 발행기관의
신용 리스크를 나타낸다. 일종의 채권의 신용도를 가늠하는 벤치마크
역할을 하는 것이다.

채권의 수익률과 신용 위험 예시
201X년 ×월 말 기준 가상채권 시세

	채권 명칭	통화	잔여 만기	수익률(%)
A	한국 정부(국고채)	KRW	3년	1.43
B	현대자동차	KRW	3년	1.65
C	미국 정부채	USD	3년	2.00
D	한국 정부채	USD	3년	2.24
E	현대자동차	USD	3년	3.00

예를 들어 아래 채권을 가상하여 수익률 스프레드spread를 계산하면 다음과 같다.

현대자동차의 원화 상환 신용 위험: B−A=0.22%

한국 정부의 달러 상환 신용 위험: D−C=0.24%

현대자동차의 달러 상환 신용 위험: E−C=1.00%

한국 정부는 발권 주체이므로 원화채권에 대해 신용 리스크가 없다. 그러나 달러에 대해서는 발권 주체가 아니기 때문에 달러채권 상환에 대한 신용 리스크를 가지고 있다(D−C). 수익률 스프레드는 신용 위험에 대한 보상이기 때문에 신용 위험이 높을수록 스프레드는 높아진다. 대한민국 정부가 정부의 이름으로 외화채권을 최초로 발행한 것은 1998년이다. 그 이전에는 한국 정부의 외화상환 신용 위험을 나타내는 벤치마크 역할을 산업은행 채권이 수행하였다. 정부가 직접 발행한 달러채권이 없는 상황에서 준정부Quasi-sovereign인 산업은행이 발행한 달러채권이 모든 한국물 달러채권의 벤치마크였다.

1998년 한국 정부는 상당히 절박한 상황에서 외화 조달을 위해 최초의 외화 정부채를 발행했다. 1997년 아시아 외환위기가 발발한 이후 그 여파로 인한 고통이 본격화하는 시기가 1998년이었다. IMF 체제로 돌입한 한국은 금 모으기 운동이 일어날 정도로 외화 관리에 절박한 상황이었다.

금 모으기 운동 2백25t 수집…외화 가득 18억 달러

IMF 체제를 맞아 신국채보상운동의 성격으로 벌어진 '금 모으기 운동'을 통해 모두 2백25t의 금이 모아져 18억 2천만 달러의 외화를 거둔 것으로 나타났다. 14일 행정자치부에 따르면 주택은행 등 5개 금융기관이 지난달 말 금 모으기 운동을 마감한 데 이어 농협이 이날 금 모으기 운동을 1차 마감한 결과 6개 금융기관을 통해 모두 2백25t(21억 7천만 달러 상당)의 금이 수집돼 이중 18억 2천만 달러어치인 1백96.3t이 수출된 것으로 집계되었다. 또 모아진 금 중 3.04t(4백59억 원 상당)은 한국은행이 매입, 외환보유고 증대로 이어졌다.

출처: 연합뉴스(1998.3.14)

한국 정부는 부족한 외화를 확충하기 위해 외화 조달이 절대적으로 필요했고 그 방안으로 외화채권 발행을 진행했다. 채권 발행을 위한 과정으로 투자자 미팅을 위한 로드쇼가 계획되었고 아시아 투자자들이 집결하고 있는 홍콩이 첫 번째 일정으로 정해졌다. 이후 프랑크푸르트, 도쿄, 뉴욕에서 설명회를 마치고 채권 발행에 성공한다.

가까스로 발행은 했지만 10년물 기준 미국 정부채 대비 수익률 스프레드가 3.55%라는 것은 상당히 높은 수준이었다. 당시 국제금융시장에서 보는 한국의 신용도를 말해 준다(2018년 브라질의 정국 불안으로 브라질 정부 발행 달러채권의 가격이 크게 흔들렸을 때 미 정부채 대비 수익률 스프레드는 3.7% 정도였다). 그리고 발행의 기쁨도 잠시, 시간이 흐를수록 상황은 점차 악화되었다. 채권은 발행이 되었다고 해서 끝나는 것이 아니다. 일단 발행된 채권은 유통시장에서 거래가 시작되는데 그 과정에

최초의 한국 정부 발행 외화채권 개요

항목	내용
발행자	한국 정부
발행일	1998.4.7.
발행통화	미국 달러
발행규모	30억 달러(10년 만기), 10억 달러(5년 만기) 총 40억 달러
표면금리	8.875%(10년 만기), 8.75%(5년 만기)
미국 정부채 대비 수익률스프레드	3.55%(10년 만기) 3.45%(5년 만기)
주간사	Goldman Sachs, Salomon Brothers

출처: Bloomberg

서 채권 가격이 올라갈 수도 내려갈 수도 있는 것이다. 만약 발행 후 채권의 시장 가격이 내려갈 경우 추후 다시 발행하는 채권의 조건은 그만큼 나빠지는데, 이렇게 되면 더 많은 채권이자를 지불해야 한다.

안타깝게도 한국 정부가 발행한 달러채권은 발행한 후 시간이 흐를수록 미국 정부채 대비 수익률 스프레드가 늘어나다가 해가 바뀐 다음에야 발행시장 가격수준으로 회복될 수 있었다.

그래프에서 보이는 바와 같이 1998년 8월 말과 9월 초 사이에 한국 정부채와 미국 정부채의 스프레드는 무려 10% 가까이 벌어지게 된다. 여기서 재미있는 사실은 한국 정부채의 가격이 유통시장에서 많이 떨어졌을 때(수익률이 올라갔을 때) 소수의 한국 자산가들이 홍콩 시장에서 과감하게 한국 정부채를 매집했다는 것이다. 결과적으로 이러한 투자는 많은 수익을 낸 현명한 투자였다. 예컨대 만약 한국 정부채 백만 달러를 1998년 9월 7일 최저가인 70.66%에 매입하여 1998년 말 가격인 103.16%에 팔았다면 325,000달러의 이익(기간 수익률 32.5%)을 올리는 대박 투자를 한 것이다.

미국 정부채 대비 한국 정부채 10년물 수익률 스프레드 추이(98.04-99.12)
(단위: basis point)

데이터 출처: Bloomberg

이것이 정부채 투자의 묘미라고 할 수 있다. 물론 모든 자산이 크게 가격하락을 겪으면 반등하는 속성을 가지고 있지만, 정부채의 경우 고유의 안정성을 바탕으로 평소에는 별다른 가격변동을 보이지 않다가(금리 급변동을 제외하고) 특정이벤트를 계기로 글로벌 투자자들이 해당 정부채 보유금액을 포트폴리오에서 급속히 축소시키면서 크게 흔들리는 경우가 있다. 이러한 사건이 있을 때 그 국가에 대한 확신이 있다면(투자자는 해당국가의 국민들인 경우가 많다) 과감히 배팅을 하여 비교적 단기간에 수익을 올리는 투자방식을 일부 전문 투자자들이 사용한다. 그리고 이러한 투자자들이 존재하기 때문에 정부채는 급격한 가격하락 시 반등 가능성이 매우 높은 편이다. 일반적으로 채권 가격 변동을 가져온 이벤트가 정치적인 성격일 경우에는 채권 가격의 회복 속도가 더 빠르게 나타난다.

스페인 국채(EUR) 10년물 수익률 추이
(단위: %)

데이터 출처: Bloomberg

　1994년 7월 김일성이 사망하면서 한반도의 상황이 혼미해졌을 때 일부 외국인 투자자들이 한국물 채권을 매각하기 시작했다. 이때 한국을 잘 아는 글로벌 투자기관들이 산업은행 달러채권의 단기적인 딜링을 통해 수익을 올렸다.

　유럽의 경우 2010년부터 본격화된 그리스의 경제위기가 여타 유럽 국가로 확산되어 스페인도 뱅킹시스템의 위기를 맞게 된다. 독일 주도하에 유로존 구제금융펀드 5천억 유로(약 680조 원)가 2012년 7월 가결되었지만 유로존 국가들의 복잡한 이해관계로 불안감은 진정되지 않았고, 스페인 국채(유로화)의 수익률은 7% 넘게 치솟았다(6개월 만에 5% 수준에서 2% 넘게 상승). 만약 그때 스페인 국채 10년물에 투자한 사람은 현재 시세보다 무려 6%가 높은 수익률의 국채자산을 보유하게 되는 것이다(2020년 3월 말 스페인 국채 수익률 0.67%).

브라질 정부채는 정치적 상황에 따라 크게 흔들리는 대표적인 경우이다. 인구, 국토, 막대한 자원 등 좋은 경제적 자산을 보유하고 있지만 특유의 정치적 불안정으로 정부채 가격의 등락이 심하고 그만큼 채권 거래의 기회도 많은 것이 브라질 시장이다. 2018년의 경우 대통령 선거로 인한 정국 혼란으로 채권 수익률이 크게 올라갔으며 10월 중 우파 보루소나루Jair Bolosonaro 후보의 당선 후 시장이 급속히 안정되면서 수익률은 크게 떨어졌다. 그 후 신정부가 의회 장악에 실패하자 다시 정국이 혼란스러워지고 정부 채권의 수익률은 다시 상승했다.

1998년 국가적 위기의 순간에 이를 극복하고자 하는 간절함 속에서 발행된 대한민국 정부 최초의 달러채권은 발행 후 가격하락의 시기가 있었지만, 외환위기 이후 다시 일어나는 한국의 위상을 글로벌 투자자들에게 알리는 중요한 역할을 했다. 그리고 최초 발행 이후 지속적으로 추가 발행이 이어져서 국제금융시장에서 한국 채권의 벤치마크 역할을 수행하고 있다.

1998년 이후 국제금융시장에서 대한민국의 신뢰도가 높아지자 정부 발행 달러채권의 미국 정부채 대비 수익률 스프레드는 꾸준히 하락하였다. 그러나 2020년 코로나 바이러스 사태로 극단적인 시장상황이 되자 스프레드는 단시간에 크게 상승하였다(한국 정부 발행 달러채권 30년물의 미국 정부채 대비 수익률 스프레드는 2020년 2월 말 0.54%에서 3월 말 0.85%로 급등한 후 다시 하락하고 있다).

데이터 참조: Bloomberg

간소한 회의실 인테리어는 중국 관공서의 분위기를 물씬 풍기고 있었다. 유리창이 없는 방에 조명도 밝지 않아 앞에 앉아 있는 사람의 얼굴이 잘 읽히지 않았다. 필자 일행의 맞은편에는 외국 기업들의 중국 내 채권 발행의 승인권을 쥔 부서의 장과 실무자가 근엄한 표정으로 앉아 있었다.

"중국이 장기적으로 금융 강대국으로 도약하여 미국 중심의 국제금융질서에 변화를 주기를 바란다면, 이를 위해서는 중국은 시장을 과감하게 개방해야 되지 않습니까? 우리는 중국의 계획에 적극 협조하여 중국 시장에 활발히 참여할 것이니 판다 본드 발행을 할 수 있도록 많은 지원을 부탁합니다."

베이징으로 오는 비행기 안에서 달달 외운 중국어 원고를 사성四聲까지 넣어 가며 필자는 토씨 하나 틀리지 않고 읊었다.

'이쯤 되면 성의를 봐서라도 무언가 반응이 있겠지.'

그러나 필자의 간절한 바람과 달리 이 근엄한 표정의 중국인들은 아무런 반응이 없었다.

"귀 은행의 채권 발행에 특별히 문제가 있는 것은 아닙니다. 다만 회계 규정에 대한 문제는 재정부 소관이니 우리가 해결해 줄 수 없습니다.”

필자는 온몸의 힘이 다 빠지는 것 같았다. 사실상 채권 발행 불가 의견이기 때문이다.

'중국 정부의 금융시장 개방에 대한 거부감은 우리가 생각하는 것보다 훨씬 강하다.'

필자는 중국 시장의 현실을 눈앞에서 실감했고, 앞으로 중국 사업을 어떻게 진행해야 할지 머릿속이 복잡했다.

▽ 2016년 6월, 베이징의 한 호텔

엄청난 규모의 연회장은 참석자와 취재진으로 북적거렸다. 한국과 중국의 금융계 고위급 인사들이 대거 출동하여 중국에 개설되는 원·위안 직거래 시장의 출범을 축하하고 있었다. 중국 특유의 거창하고 과장된 행사 분위기 속에서 필자는 중얼거리고 있었다.

'이 행사 분위기처럼 시장도 활성화되어야 할 텐데.'

한국에서 온 경제부총리 등 고위급 인사들의 감격스러운 축사가 이어졌고 중국 측에서도 새로운 시장에 대한 기대와 희망을 강조하며 훈훈한 분위기는 절정에 달했다. 중국 측에서는 주요 교역국인 한국의 통화를 중국에서 거래함으로써 국제금융시장에서의 중국의 위상이 높아짐을 자축했다. 당장이라도 엄청난 시장이 열릴 것 같은 에너지가 넘치는 순간이었다.

1992년 노태우 정부 당시 중국과 수교 이후 한동안 중국은 꿈의 시장이었다. 중국의 엄청난 잠재력을 보고 많은 한국 기업들이 중국에서의 대박을 꿈꾸었다. 그러나 현실은 만만치 않았다. 외국인으로서 중국에서 꿈을 이룬 한국 기업들도 있었지만 많은 기업들이 중국 시장이라는 소문난 잔치에서 피눈물을 흘려야 했다. 외국 기업들이 중국에서 실패하는 데는 여러 가지 이유가 있겠지만 중요한 이유 중 하나는 공식·비공식적인 중국 정부의 규제이다. 그러니 규제를 본질로 하는 금융시장의 경우 더 말할 것도 없다. 그만큼 외국인으로서 중국의 금융시장을 공략하는 것은 어려운 일이다.

지금까지 중국 정부의 금융시장 개방 경과와 필자가 경험한 중국 금융당국자들의 태도를 종합해 보면 한 가지 분명한 사실이 있다. 그들은 서두르지 않는다는 것이다. 아니, 서두를 이유가 없다는 것이다.

하지만 그렇게도 느긋한 중국이 변화해야 하는 이유가 있다. 바로 국제금융시장에서 주도권을 갖고자 하는 그들의 열망이다. 즉 철저하게 미국 중심인 국제금융질서에서 중국의 위상을 세우고자 하는 열망이다. 필자는 이러한 중국의 상황을 금융시장에 대한 중국의 '두 개의 마음'이라고 지칭하고 싶다. 즉 금융시장을 개방하고 싶지 않은 마음과 국제금융시장에서 주도권을 잡고 싶은 마음이다. 국제금융시장의 주도권을 잡기 위해서는 시장 개방을 하지 않을 수 없으므로 이 두 개의 마음은 곧 상충하는 욕망이다.

금융시장 개방에 대한 중국 당국의 입장을 판단할 수 없는 경우가 종종 발생하는 이유는 바로 이 때문이다. 예컨대 대외적으로 장밋빛 개방 계획이 발표되고 엄청난 비즈니스가 바로 성사될 것 같은 분위기를 바탕으로 사업을 구체적으로 추진하고자 금융당국자들과 접촉하면 이래서 안 되고 저래서 안 된다는 실망스러운 답변만 듣게 된다. 그리고 사업을 추진하던 주체는 혼란에 빠지게 된다.

"도대체 중국 당국의 속마음은 무엇일까?"

그 질문에 대한 대답이 바로 '두 개의 마음'이다. 그러나 두 개의 마음 중 두 번째, 즉 국제금융시장의 주도권에 대한 열망은 시간이 지날수록 점차 더 커질 것이다. 중국에서의 금융 비즈니스의 관건은 이러한 변화의 과정에서 탄생하는 새로운 시장을 찾는 것이다.

중국의 불가능한 삼위일체China's impossible trinity(Trilemma)

트릴레마Trilemma란 세 가지 정책목표 간에 존재하는 상충관계 때문에 목표를 동시에 충족시킬 수 없는 상황을 지칭하는데 여기서는 안정적 환율, 규제 없는 자본 이동, 독립적인 통화정책을 의미한다···(중략)··· (그동안) 중국의 정책 조합은 독립적 통화정책과 통제된 환율(자본 이동의 제약을 수반하는)이었다···(중략)··· 그러나 상황이 변하고 있다. 중국은 이제 인민폐를 IMF의 reserve 통화로 공식적으로 포함시키고자 노력하고 있다. 그런데 이 과정은 자본 통제의 해체가 우선되어야 하기 때문에, 바로 이 점이 인민은행(중국의 중앙은행)으로 하여금 트릴레마에 빠지게 하고 있다.

출처: Duncan Weldon, *"China's Impossible Trinity"*, BBC News Business (2015.9.8).

중국의 입장에서 국제금융시장에서의 주도권은 포기할 수 없는 과제이다. 국제금융시장에서 미국이 가지고 있는 지위는 그 어떠한 무기보다 강력한 것이기 때문이다. 중국은 국제금융시장에서의 열망을 실현시키기 위한 실행방안을 세 개의 축으로 진행시키는데 그 내용은 다음과 같다.

첫째, 금융시장의 개방.
둘째, 위안화의 국제화.
셋째, 중국 주도의 국제금융기구.

금융시장의 개방

금융시장의 개방에 대해 중국은 긴 호흡으로 서두르지 않고 진행 중이다. 금융시장 개방의 주요 분야는 은행산업, 주식시장, 외환시장, 채권시장 등이다. 가장 진도가 느리게 진행된 것은 채권시장이다. 채권시장의 개방은 금융시장 개방의 완결판이라고 할 수 있는데 신용상품, 외환, 파생상품이 종합적으로 움직이는 시장이기 때문이다. 그만큼 외국인에게는 매력적인 시장이다. 필자는 앞으로 중국의 채권시장이 글로벌 투자자들에게 엄청난 기회를 제공할 것이라고 예상한다. 물론 채권시장에서 외국인들의 거래가 정상적으로 작동하기 위해서는 단기자금시장과 외환시장이 조성되어야 한다. 외국인들은 일반적으로 외화자금을 기반으로 투자하기 때문에 원활한 환전을 할 수 있는 외환시장, 또는 현지통화를 차입할 수 있는 단기자금시장의 존재가 필수적이다. 외환시장과 단기자금시장에서 외국인들이 활동하기 어렵다면 채권시장을 개방해도 외국인들에게는 "그림의 떡"인 것이다.

중국의 금융시장 개방

중국은 금융시장 개방에 소극적일 수밖에 없었다. 금융시장 자체가 발달하지 못하여 금융시장의 형성과 개방을 동시에 진행해야 했기 때문이다. 1994년에 IMF 8조국(IMF 8조의 의무를 이행하기로 수락한 가맹국. 8조의 내용은 자료제출 의무이행, 일정거래 외환지급, 정부간섭 배제 등이다. 한국은 1988년 1월 가입) 가입으로 인민폐의 경상거래 자유화를 시작했고 1996년부터 통일된 은행 간 콜시장과 채권시장을 만들었으니 개혁과 개방이 동시에 진행된 것이다. 중국의 금융시장 개방 경과를 보면 그 복잡한 용어와 내용에 혀를 내두르게 된다. QFII, RQFII, QDII, 후강퉁, 선강퉁, 채권퉁, 후룬퉁 등등. 그만큼 각종 시장 개방이 포지티브 시스템positive system, 즉 되는 것을 제한적으로 지정하는 제도로 운영되었다는 것을 알 수 있다. 개방의 내용을 최대한 단순하게 요약하면 다음과 같다.

금융시장 개방의 큰 축은 ① 금융기관의 지배구조 개방, ② 중국 내외의 투자 개방이다.

금융기관 지배구조 개방, 즉 금융기관의 지배권을 외국인에게 얼마나 넘겨주느냐의 문제는 매우 신중하고 단계적으로 진행되었다. 2001년 외자은행 설립요건 완화를 시작으로 2006년 외자은행 현지법인화, 2018년 4월 금융기관 외자비율제한 폐지, 2019년 7월 외국인투자제한 폐지 조기시행 선언 등으로 진행되고 있다.

중국 내외 투자 개방은 외국인의 중국 내 투자와 내국인의 해외 투자의 양방향에 대한 규제완화로 진행되고 있다. 외국인의 중국 내 투자는 적격 투자자를 지정하는 방식과 투자가능 거래소를 지정하는 방식으로 나뉜다. 적격 투자자는 QFII(Qualified Foreign Institutional Investor), RQFII(RMB Qualified Institutional Investor) 등 외국통화 투자자, 위안화 투자자로 구분하여 지정한다. 투자가능 지역을 정하는 방식으로는 후강퉁(상하이 홍콩 상장주식 교차거래, 2014), 선강퉁(선전 홍콩 상장주식 교차거래, 2016), 채권퉁(홍콩을 통한 중국 내국 채권 투자, 2017), 후룬퉁(상하이 런던 상장주식 교차거래, 2019) 등이 있다. 내국인의 해외 투자 허용은 QDII(Qualified Domestic Institutional Investor) 지정으로 진행하고 있다.

참조: 이치훈(대외경제정책연구원), 「최근 중국의 금융개방에 대한 평가와 우리 경제」, 「전문가 오피니언」 CSF 중국전문가포럼(2019.4); IBK기업은행 경제연구소, 「중국 금융시장 개방 로드맵 발표」, 「Weekly IBK경제브리프」 566호(2018. 4).

위안화의 국제화

위안화의 국제화는 크게 금융시장 개방의 일부라고 볼 수도 있다. 그러나 국제금융시장의 주도권을 잡기 위해 반드시 필요한 것은 위안화의 국제화이기 때문에 중국의 입장에서 금융시장 개방의 궁극적인 목적지는 위안화 국제화이다.

위안화의 국제화.

왜 위안화의 국제화가 국제금융시장의 주도권을 잡는 데 중요할까? 그 이유는 달러가 지나온 길을 보면 알 수 있다. 달러가 기축통화로

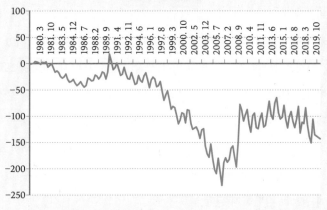

미국의 경상수지 추이
(단위: 십억 달러)

데이터 출처: Bloomberg

서의 지위를 굳힐 수 있었던 것은 유로달러시장이 활성화되었기 때문이다. 즉 달러는 미국이 아닌 지역(당시는 유럽)에서 활발하게 통용되면서 국제 유동성으로서의 요건을 갖추게 되었다. 그리고 미국은 국제 유동성을 마음대로 찍어 낼 수 있는 발권국가이다. 쌍둥이 적자Twin Deficit라는 말이 있다. 재정 적자와 경상수지 적자가 동시에 일어나는 상황을 일컫는 용어로 미국이 그 대표적인 경우에 해당한다. 1980년대 초 미국은 경기회복을 위해 대규모 감세정책을 펴고, 국방비를 중심으로 늘어나는 지출을 감당하기 위해 국채 발행을 확대했다. 이에 금리가 오르고 달러가치가 상승하여 경상수지가 악화되었다.

이후 미국의 경상수지는 꾸준히 악화되었다. 이로 인해 미국의 대외부채 상환능력이 저하되었다는 판단으로 국제신용평가기관인

S&P Standard & Poor's는 2011년 8월 미국의 국가신용도를 AAA에서 AA+로 떨어뜨렸다. 세계 경제의 절대 지존인 미국의 신용등급이 최상위급에서 탈락하는 어색한 상황에 처한 것이다. 이러한 상황의 원인을 수출주도형 국가에서 찾으려는 자연스러운 여론이 형성되었는데, 이것을 철저하게 이용하고 있는 사람이 미국의 45대 대통령 트럼프이다. 2018년 트럼프는 미국의 경상수지 적자의 원인을 수출 중심 경제구조를 가지고 있는 국가들, 즉 한국, 중국, 독일, 일본, 대만 등으로 지목하고 특히 중국을 상대로 무역전쟁을 시작한다. 이러한 일련의 정치적 행태를 바라보며 문제의 본질이 얼마나 흐려질 수 있는가에 필자는 감탄하게 된다.

"미국의 국가신용도가 떨어진다?"

국가신용도라 함은 그 나라의 대외부채, 즉 국제금융거래로 인한 부채의 상환능력이다. 국제금융거래의 수단인 기축통화의 발권국가인 미국의 상환능력을 논하는 것이 무슨 의미가 있을까? 물론 발권이 지나치면 인플레이션이 가속화되어 국내 경제상황이 악화될 수는 있을 것이다. 그러나 인플레이션이 국가부도보다 심각할까? 더 중요한 것은 미국의 경상수지 적자는 글로벌시장에서 달러의 유동성을 확대시켜 달러의 기축통화로서의 지위가 더욱 공고해진다는 점이다. 이렇듯 기축통화국의 지위는 막대한 것이기 때문에 중국 입장에서 위안화의 국제화는 이루고 싶은 꿈이다.

위안화 국제화 경과

2009년 3월 전국인민대표회의에서 위안화의 국제화 추진이 공식화된다. 이후 ① 무역결제통화, ② 투자통화, ③ 준비자산통화 순으로 국제화를 심화시키고 있다. 홍콩을 활용한 위안화 국제화 작업은 그 이전부터 진행되었다. 2004년부터 홍콩에서 위안화 예금, 환전 서비스가 시작되었고, 2006년에는 중국은행Bank of China을 홍콩 내 위안화 청산결제은행으로 지정하였다. 2007년에는 홍콩에서 위안화 표시 채권인 딤섬 본드Dim Sum Bond가 최초로 발행되었다. 2009년 7월 홍콩, ASEAN 국가 등과 위안화 결제 무역 거래를 시범 시행하고 이후 무역 결제 지역을 확대했다. 위안화 국제화의 실체적 목표는 위안화 거래의 활성화와 위안화 유동성의 확대이다. 그러나 중국 정부는 위안화에 대한 통제도 병행하기 위해 중국 내외 위안화 거래의 장場을 정부가 지정하였다.

즉 중국 내에서 위안화와 외국통화와의 직거래시장을 구축하여 홍콩달러HKD, 캐나다달러CAD, 싱가포르달러SGD 등 11개 통화에 대한 시장을 구축한 후, 2016년에 원화KRW 시장을 개설하였고 이 시장의 청산은행으로 KEB하나은행과 우리은행의 중국 현지법인이 지정된다(이 과정에 대한 필자의 경험을 본 장 후반에 기술하였다). 중국 외에서 위안화와 현지통화의 직거래시장도 순차적으로 구축되었다. 2006년 홍콩을 시작으로 2014년 영국, 독일, 한국, 프랑스, 룩셈부르크, 캐나다, 카타르, 호주, 말레이시아 순으로 개설되었다.

참조: 이윤석, 「위안화 국제화 현황과 향후 전망」, 『KIF VIP리포트』, 한국금융연구원(2012.5); 홍콩주재원, 「역외위안화 금융 관련 주요 진전사항 및 시장동향」, (국외사무소 자료), 한국은행(2014.12).

이렇게 중국이 위안화의 국제화를 주도 면밀하게 추진하고 있지만 위안화의 위상은 쉽게 올라가지 못하고 있다. 국제결제통화로서의 시장 점유율은 2012년 이후 상승하여 2%를 초과하는 듯하다가 다시 하락하여 1.81%에 머물고 있고, 서울 원·위안 직거래시장의 일 평균 거래량도 14년 개장 이후 정체상태에 있다. 왜 그럴까?

중국이 가지고 있는 두 개의 마음 중 하나, 시장을 열고 싶지 않은 마음 때문이다. 제도적인 외환시장은 갖추었지만 실제 거래를 일으키는 요인이 되는 단기자금시장, 자본시장 등에서 엄격한 통제가 존재하기 때문에 외환시장의 거래량은 부진할 수밖에 없다. 필자는 2014년 서울 원·위안 직거래시장 개장에 관여한 인연으로 이 시장의 개장일에 매년 열리는 기념식의 패널로 수년 간 참석하였다. 한중 양국의 정부, 은행, 학계 관계자들이 모여 시장의 탄생을 경축하고 덕담을 쏟아 내지만 시장 거래량에 대한 이야기가 나오면 모두 얼굴이 어두워진다. 그리고 각계의 인사들은 각자 요구 사항을 언급한다. 정부 관계자는 말한다.

"은행들이 적극적이고 창의적으로 시장을 이끌어 가야 합니다."

은행 관계자들도 말한다.

"기업에서 좀 더 관심을 가지고 참여해야 합니다."

그래서 필자가 말한다.

"돈이 안 되는 시장은 성장하지 못합니다. 그리고 돈이 되려면 관련 시장에 대한 규제를 (중국) 정부가 대폭 풀어야 합니다."

필자는 답답한 마음에 직구를 날렸지만 중국 측 관계자들은 아무 반응이 없다. 두 개의 마음 때문이다.

중국 주도의 국제금융기구

2016년 아시아 태평양 지역 개도국의 인프라 구축을 목표로 중국의 주도하에 아시아인프라 투자은행Asian Infrastructure Investment Bank(이하 AIIB)이 설립되었다. AIIB에 대한 중국의 출자금은 약 3백억 불로 지분율 30.79%에 이른다(한국은 37억 불, 지분율 3.87%─2019년 8월 AIIB 홈페이지 참조). AIIB는 시진핑 국가주석이 2013년 제시한 일대일로─帶─路 정책을 실현하기 위한 금융수단이다. 중국은 왜 AIIB를 창설했을까? 단순히 아시아 태평양 지역의 개발주도를 통해 외교적 우위를 점하기 위해서일까?

국제결제은행Bank International Settlements(이하 BIS)은 제1차 세계대전 후 독일의 배상문제를 처리하기 위해 1930년 미국, 유럽 국가 등 12개 국이 공동출자하여 설립한 기관이다. 제1차 세계대전이 끝난 후 독일에 배상을 청구하는 과정에서 가장 큰 목소리를 낸 국가는 미국이었다. 승전국 대표는 영국과 프랑스였지만 그들도 미국에 거대한 빚을 지고 있는 채무국 신세였기 때문이다(Liaquat Ahamed, *Lords of Finance*, Penguin Press, 2009 참조). BIS는 설립 때부터 미국의 힘에 좌우되는 운명을 타고난 것이다.

1988년, 전 세계 은행들은 BIS가 던진 초대형 폭탄을 맞게 되는데 바로 BIS 자기자본비율 규제이다. 이 BIS 비율은 이후 계속 진화되어 현재 은행의 건전성을 판단하는 가장 중요한 척도로 군림하고 있다. 지금이야 어느 나라에서건 BIS 자기자본비율을 당연한 규제로 받아들이지만, 도입 당시에 이 비율은 전 세계 은행들에게 엄청난 충격이었다. 자기자본의 일정 비율 이상 자산을 늘릴 수 없는 강력한 족쇄가 새롭게 도입되었기 때문이다. 필자도 당시 은행 생활을 하면서 이 엄청난 변화를 겪어야 했다. 은행의 건전성을 제고한다는 명백한 명분이 있었음에도 불구하고 이 비율의 도입은 당시 무섭게 성장하는 일본 은행들에게 철퇴를 가하기 위해 미국 주도로 이루어진 것이라는 주장이 있었고, 결과적으로 이후 일본 은행들은 점차 위축되었기에 그러한 주장은 설득력이 있어 보인다.

그밖에도 각종 국제기구를 주도하면서 미국은 강력한 영향력을 행사하고 있다. 이렇게 지당한 명분을 통한 국제질서의 주도권 확보에서 미국은 탁월한 성과를 보이고 있다.

* * *

이러한 상황에서 중국은 어떤 생각을 할까?

당연히 미국처럼 하고 싶을 것이다. 제2차 세계대전 이후 패권경쟁의 수단은 군사력뿐만 아니라 국제기구에 대한 영향력, 그중에서도 국제금융기구의 주도권 장악으로 확대된 것이다.

따라서 국제금융시장에 대한 중국의 열망은 분명하고 강렬하다. 필자와 같이 중국에서 금융 비즈니스를 추구한 사람들에게는 매우 바람직한 상황이다. 새로운 시장이 열리고 거래의 기회가 생기기 때문이다. 그러나 앞서 언급한 바와 같이 아직은 중국의 또 하나의 마음, 즉 금융시장 개방을 하고 싶지 않은 마음이 분명히 존재한다. 시장 참여자의 관점에서 중국이라는 거대한 금융시장에 대한 기대는 충만하지만, 중국이 속 시원하게 개방해서 비즈니스의 판을 만들어 주지 않으니 당장 돈이 되지 않는 시장이 중국 금융시장인 것이다. 이러한 현실에서 시장 참여자는 현명한 접근을 해야 한다. 세계 최대의 시장이 될 수도 있는, 그러나 아직은 완전히 열리지 않은 중국 시장으로 들어가는 길 위에서 필자는 고민해야 했다.

그렇다면 어떻게 하는 것이 현명한 접근인가? 중국이라는 매력적인 금융시장에 참여하고 싶지만 당장은 개방의 정도가 낮아서 돈이 되지 않을 때 시장 참여자들은 어떻게 해야 할까? 이 질문에 대한 필자의 생각은 다음과 같다.

첫째, 너무 조급하지 않게 긴 호흡으로 접근해야 한다. 당장의 이익을 추구하는 마음으로 중국 시장에 접근하는 참여자는 반드시 실패하게 된다. 중국 당국의 고민을 이해하고 그들의 일정을 감안해야 한다.

둘째, 그러나 시장을 통해 돈을 버는 것이 목적인 시장 참여자가 마냥 긴 호흡만으로 접근할 수는 없는 일. 시장 접근을 위해 투자가 들어간다면 투자비용을 어느 정도(전부는 아닐지라도) 상쇄할 수 있는 이익quick and small win을 보여 주어야 한다. 그래야 내부의 의사결정권자들(최고경영자, 이사회, 주주 등)을 이해시키고 지속적인 투자가 가능할 것이다. 이를 위해 원·위안 트레이딩, 위안화 채권투자 등 위안화 비즈니스를 통해 조금이라도 이익을 가시화시키는 것이 (비록 규모는 작을지라도) 현명한 접근이다.

셋째, 위안화 관련 비즈니스를 위한 다양한 형태의 인프라를 꾸준히 구축해야 한다. 딜링 인력, 각종 라이선스, 중국 내 참여자들과의 네크워크 등 시장을 형성하고 있는 요소들을 하나씩 구축해 나가야 한다. 어느 나라에서건 금융시장의 승패는 결국 시스템과 네트워크에서 결정된다. 하지만 시스템과 네트워크는 하루아침에 만들어지지 않는다. 꾸준히 이것을 구축한 기관만이 중국이라는 매력적인 시장의 과실을 향유할 자격이 주어질 것이다.

이러한 생각을 가지고 필자가 중국 시장에 도전하면서 겪었던 일들을 기억해 본다. 돌이켜 보면 성공보다는 실패와 좌절이 많았던 과정이었다. 그러나 중국이라는 거대한 시장에 접근하기 위해 반드시 필요한 과정이라고 생각한다.

서울 원·위안 직거래시장

2014년 12월 1일. 필자는 이날을 잊을 수 없다. 서울에 원·위안 직거래시장이 열린 날이다. 중국 정부는 위안화의 국제화 방안으로 직거래시장이라는 방식을 추진하였다. 본디 외환시장이라는 것은 거래가 통제된 시장이거나 자유화된 시장이다. 미국, 유로존 국가, 일본 등 선진국의 경우 외환시장을 자유화하여 자국의 통화가 외국의 통화시장에서 자유롭게 교환된다. 그러나 개도국이거나 통제경제체제에 있는 국가의 경우 외환거래는 기본적으로 통제의 대상이다. 급격한 외화 유출입이 국가경제의 안정성을 해칠 위험이 있다고 판단하기 때문이다. 중국도 이러한 입장이었으나, 어떻게든 위안화가 국제

금융시장에서 통용되도록 하는 방안으로 내세운 게 역외 직거래시장
이었다. 즉 위안화를 중국 외 시장(역외시장)에서 거래되도록 허용하
되 허가받은 은행에 한하여 독점적으로 결제하도록 함으로써 거래내
용을 중국 금융당국이 확실하게 모니터링하는 방식이다. 독점적 결제
기능을 수행하는 은행을 청산은행淸算銀行이라고 지칭한다. 이러한 방
식은 위안화와 각국 통화의 직거래를 조성함으로써 달러의 개입이 없
는 위안화 중심의 거래 생태계를 조성하려는 중국의 큰 그림 중 하나
이다.

　위안화의 위상 제고를 위해 세계 각국에 위안화 직거래시장을 개설
하는 것을 지상과제로 추진 중인 중국 정부 입장에서 중국과 교역규
모가 큰 한국에 직거래시장을 개설한다면 큰 성과를 이루는 것이었
다. 당시 중국과 급속도로 가까워진 박근혜 정부는 이러한 중국의 니
즈를 충족시킴으로써 양국의 외교관계를 더욱 공고히 할 수 있는 입
장이었다. 2014년 7월, 중국 국가 주석 시진핑의 방한으로 한중 정
상회담이 열렸고, 그 결과물로 서울에 원·위안직거래 시장의 개설이
합의되었다(이후 2015년 9월, 박근혜 대통령의 중국 전승절 열병식 참가로
한중 관계는 그 어느 때보다 가까워진다).

　이렇게 양국의 이해관계가 맞아 떨어진 상황이니 서울 직거래시장
의 설립에 걸림돌은 없었다. 서울 직거래시장의 주관부처인 기획재정
부와 한국은행은 양국 정상의 합의 직후인 2014년 7월 9일 외환 시장
참여자(중개사, 은행 등)들의 협의체인 외환시장협의회를 통해 반드시
시장을 연내 개설한다는 일정을 통보하며 의지를 불태웠다.

　문제는 시간이었다. 세상에 없던 새로운 시장을 5개월 만에 완성한

다는 것은 기적 같은 일이다. 거래소 설립을 위한 규정, 전산시스템, 인력 등을 갖추는 데 많은 시간이 필요하기 때문이다. 그러나 양국 당국의 외교적 성과를 위해 직거래 시장 개장은 무조건 연내에 열려야 했다(지금 생각해 보면 2015년에 예정된 중국에서의 한중 정상회담 전에 가시적 성과를 내기 위해서였던 것 같다). 일정이 나온 이상 관련 기관들은 최선을 다해 일정을 맞출 수밖에 없었다. 기획재정부, 한국은행, 중개사, 은행 등 모든 참가자들은 막중한 책임감으로 이 프로젝트에 참여하였다. 5개월이란 짧은 시간은 어김없이 흘러가고 드디어 12월 1일이 되었다. 이 프로젝트의 성공 여부는 거래 개장일인 12월 1일 당일 거래가 원활히 체결되고 시스템이 정상적으로 작동하여 결제까지 무사히 마칠 수 있느냐였다.

직거래 시장 오픈 기념행사는 필자가 근무하는 외환은행 딜링룸에서 하기로 결정되었다. 필자는 역사적 현장에서 행사를 주관한다는 자부심과 긴장감을 갖고 당일 평소보다 일찍 출근해서 딜링룸 곳곳을 점검했다. 아침 8시 반경에는 행사의 호스트라고 할 수 있는 한국 정부의 경제부총리가 은행 본점에 도착할 예정이었기 때문에 필자와 몇몇 직원들이 로비 앞에서 대기하고 있었는데, 로비로 들어오는 길을 난데없이 작업차량이 막는 바람에 부총리가 50미터 정도 걸어 들어와야 하는 상황이 발생했다. 설상가상으로 그때 하늘에서는 예보에도 없던 눈이 내리기 시작했다. 필자는 당혹스러웠다. 이럴 때 의전을 하는 사람의 마음은 무너져 내린다. 서둘러 우산을 받쳐 들고 부총리를 에스코트해서 로비로 걸어들어 왔다.

서울 원·위안 직거래시장이 개장하는 순간. 좌로부터 김한조 외환은행장, 구장정 중국대사관 경제공사, 최경환 경제부총리, 이주열 한국은행 총재, 권선주 기업은행장

출처: 경향신문(2014.12.1)

'이렇게 중요한 날 이게 웬일인가? 안 좋은 조짐 아닌가?'

　필자는 불안한 마음을 감추고 부총리를 안내하여 딜링룸으로 이동하였다. 내방한 한국과 중국 측 귀빈들이 한마디씩 축사를 했지만 필자의 귀에는 아무 소리도 들어오지 않았다. 오직 잠시 후에 있을 첫 거래의 안전한 체결만을 마음속으로 기원하고 있었다. 드디어 아침 9시 정각, 경제부총리의 개장 선언이 있었고 첫 거래가 개시되는 순간,

　"하나, 둘, 셋!"

카운트다운과 함께 가벼운 폭죽이 터지고 첫 거래의 버튼이 눌러졌다.

그 순간 숨이 멎을 정도로 긴장한 것은 필자만이 아니었다. 지난 5개월 동안 새로운 시장을 탄생시키느라 밤잠을 설친 모든 관계자들은 거래 모니터를 뚫어져라 바라보았다. 컴퓨터가 처리하는 거래는 순간적으로 진행되었고 천만다행으로 아무 이상 없이 무사히 체결되었다. 만약 거래에 조금이라도 문제가 발생하였으면 필자의 은행뿐만 아니라 대한민국이 국제적으로 큰 망신을 당할 수도 있는 순간이었다. 지난 5개월의 지난한 고행이 있었지만 새로운 시장을 만드는 데 기여했다는 자부심으로 필자와 직원들은 한번에 위로받는 기분이었다.

그러나 이렇게 우여곡절 끝에 서울 원·위안 직거래시장이 열렸음에도 원·위안 직거래는 기대만큼 성장하지 못하고 있다. 2014년 개장 이후 참여은행들이 시장 선점을 위해 경쟁적으로 거래를 증대시켜 한때 일 거래량이 30억 불(달러거래 대비 50%)을 초과하기도 했으나, 2018년 일 평균 18억 불(달러 대비 22%)대까지 감소하였다. 2019년에 들어 일 평균 24억 불(달러 대비 35%)로 증가한 것은 그나마 고무적이다(국내 양대 자금중개사인 한국자금중개, 서울외국환중개 수치 합계. 위안화 환율은 전체 기간 평균 적용).

이렇게 시장이 기대만큼 성장하지 못한 이유를 여러 가지 언급할 수 있지만, 가장 근본적인 것은 위안화가 시장에서 완전히 자유화되지 않아 시장 참여자들이 거래하는 데 제약이 있기 때문이다. 제약이 있다 보니 거래량이 늘지 않고 거래량이 늘지 않으니 유동성이 부족하게 된다. 부족한 유동성은 거래비용을 높여서 시장의 가격경쟁력을 저하시킨다. 그래서 원·달러시장만큼 거래가 활성화되지 못하고 있는 것이다. 앞서 언급한 위안화 국제화를 추진하는 중국의 고민, 즉 국제화와 통제의 이율배반성이 현실로 나타난 경우이다.

결국 위안화 시장이 활성화되기 위해서는 위안화의 거래규모를 늘리고 유동성을 높여서 시장 참여자들이 선호하는 시장을 만들어야 한다. 필자는 필자의 은행 내에서라도 위안화 유동성을 높이는 방안을 강구하였다. 즉 위안화의 캐시 플로Cash Flow를 늘리기 위해 위안화 채권투자를 시작하고, 중국에 생산 기반이 있는 기업들의 결제를 위안화로 하도록 유도하는 등의 노력이 진행되었다. 그리고 은행의 장기차입 수단으로 위안화 채권을 발행하는 등 다양한 방법을 강구하였다.

판다 본드 시장

판다 본드는 외국인이 중국 시장에 들어와서 중국 국내 투자자들을 상대로 발행하는 위안화 채권이다. 필자가 위안화 채권 발행을 생각했던 것은 두 가지 이유에서였다. 첫째는 앞서 언급한 바와 같이 위안화의 유동성을 증대시키기 위함이었고, 두 번째로는 새로운 차입원을 개척하기 위함이었다. 위안화 채권시장은 규모가 큰 시장이지만 당시 중국 정부의 규제로 인해 외국 기관에게는 사안과 당국의 재량에 따라 매우 제한적으로 발행이 허용되었다. 만약 이 시장을 뚫고 채권 발행을 할 수 있다면 엄청난 규모의 새로운 차입원을 확보하는 것이었다. 참고로 중국 채권시장의 규모는 2018년 1월 기준으로 약 13조 달러이며 이는 미국(약 25조 달러), 일본(약 14조 달러)에 이어 세계 3위

수준이다(David Furey 외 2인, *Opening of China's Bond Market-What Global Investors Need to Know*, "State Street Global Advisors", www.ssga.com (2018.6) 중 그래프 자료 참조).

필자의 계획을 추진하는 데 가장 중요한 관건은 중국 정부의 방침이었다. 판다 본드는 쉽게 말해서 중국의 안방에 외국 기관이 들어와 중국 투자자들의 돈을 차입하는 것으로 자본시장 개방의 중요한 단계이다. 자본시장의 두 축이라 할 수 있는 주식시장과 채권시장 중에서 중국 정부는 주식시장에 대해서는 단계별로 개방을 진행하였다. 그리고 채권시장에 대해서는 이제 막 개방을 시작하는 단계였고, 그러니 판다 본드의 발행을 중국 정부가 쉽사리 승인해 줄 것이라고 기대할 수는 없었다. 그러나 시장개방을 통한 위안화의 위상 증대를 꾀하는 중국 정부의 의도와 당시 한참 사이가 좋아진 한중 관계를 바탕으로 도전해 볼 만하다는 것이 필자의 판단이었다.

한중 관계가 급속도로 가까워지면서 2015년 12월에 한국 정부가 중국에서 판다 본드를 발행했다. 중국 인민은행은 외국 정부로서는 처음으로 한국에 대해 판다 본드 발행을 허용한 것이다. 필자는 이러한 분위기에서 한국의 은행으로서 판다 본드 발행에 도전하는 것은 충분히 가능하다고 판단했다.

2016년 3월 필자는 당시 중국 비즈니스에 공을 많이 들이는 영국계 모 은행을 어드바이저로 임명하고 그 은행의 담당자와 필자 은행의 담당직원들과 같이 중국 베이징으로 향했다. 출장의 목적은 중국 투자자들의 동향 파악과 발행 허가의 키를 쥐고 있는 인민은행의 담당자들을 만나기 위함이었다. 중국 내 여러 기관 투자자들을 방문한 결과 필자 은행의 판다 본드 발행에 대한 많은 관심을 확인하였고, 발행

한국 정부 판다 본드 발행 내역

항목	내용
발행자	한국 정부
발행일	2015.12.8.
발행통화	위안화
발행규모	30억 위안(약 5,400억 원)
표면금리	3%
만기	2018.12.16.
주간사	교통은행, Citi Group, Goldman Sachs, HSBC, Standard Chartered

출처: Bloomberg

시 충분히 시장이 소화할 수 있다는 확신을 가질 수 있었다.

　마지막으로 가장 중요한 방문처인 중국 인민은행과 면담을 하기 위해 베이징시 중심가인 진룽졔金融街로 향했다. 진룽졔는 북경의 중심인 자금성 인근에 위치하는데 주요 은행 본점 및 인민은행을 비롯한 각종 금융감독당국이 모여 있는 금융 1번지이다. 인민은행 도착 후 몇 번의 확인을 거쳐 판다 본드 발행 허가 담당자를 만날 수 있었다. 담당자는 예상대로 상당히 권위적이었다. 그리고 이 낯선 외국인 방문객들에 대해 경계의 눈빛을 감추지 않았다. 외침外侵에 시달렸던 중국의 근대역사 때문일까? 필자는 인민은행 담당자의 긍정적 반응을 끌어내기 위해 어설픈 중국어 실력으로 달달 암기한 스피치를 읊기 시작했다. 중국의 자존감을 한껏 높여 주면서 시장개방을 호소하는 내용이었다. 앞서 필자가 언급한 중국이 두 개의 마음 중 두 번째 마음, 즉 국제금융시장에서의 주도권을 잡고 싶은 마음을 한껏 자극한 것이다. 그러나 이 낯선 외국인의 중국어 스피치는 인민은행 담당자에게 그다지 감동을 주지 못한 듯했다.

"판다 본드 발행에 원칙적으로 문제는 없으나 회계 이슈 등 몇 가지 기술적인 문제가 있어 이것들이 해결되어야 판다 본드 발행을 허가할 수 있습니다."

"그리고 회계 이슈는 원칙적으로 인민은행이 아닌 재정부財政部(한국의 기재부와 유사) 소관이므로 인민은행이 재량을 발휘할 수 없는 사안입니다."

라고 하며 발을 빼는 분위기였다.

중국 비즈니스를 추진할 때 많은 사람들이 겪는 애로 사항은 공식적으로 발표된 정책이나 규정에 부합하더라도 승인권을 가지고 있는 정부 부처의 개별적인 대응에 따라 비즈니스가 진행되기도 하고 좌절되기도 한다는 것이다. 필자는 이러한 중국 비즈니스의 현실을 절감할 수밖에 없었다.

필자가 추진했던 한국 상업은행 최초의 판다 본드 발행은 결국 성사되지 못하고 수면 아래로 가라앉았다. 다른 지역의 시장을 개척해야 했던 필자는 발행에 대한 규제완화가 불확실한 판다 본드에 더 이상 매달릴 수는 없었다. 그러나 중국에서 금융비즈니스를 계획하고 있다면 반드시 접근해야 하는 시장이 판다 본드 시장이다. 앞으로 많은 한국의 금융기관들이 이 시장에 도전해 보기를 희망한다.

상하이 원·위안 직거래시장 개장

서울 원·위안 직거래시장은 앞서 기술한 바와 같이 2014년 12월에 오픈하였다. 한중 정부는 이것을 양국의 외교적, 경제적 측면에서 매우 중요한 성과로 생각하고 이 시장을 어떻게 발전시킬 것인가 공을 많이 들였고, 이러한 연장선상에서 상하이에 같은 개념의 원·위안 직거래시장을 개설을 검토하였다.

2016년 2월 중국 상하이에서 한중 양국은 마침내 중국 내 원·위안 직거래시장 개설에 합의하였다.

한중 통화 스와프 만기 연장 합의… 연내 원·위안 직거래시장 개설

올해 상반기에 중국 내 원·위안 직거래시장이 개설된다. 또 내년 10월 끝나는 한중 통화 스와프 만기도 연장하기로 했다. 26일 G20 재무장관, 중앙은행 회의 참석차 중국 상하이를 방문 중인 유일호 경제부총리 겸 기획재정부 장관은 저우샤오촨 중국 인민은행 총재를 만나 이같이 양국 간 금융 협력 방안을 합의했다.

출처: 이투데이(2016.2.26)

서울 원·위안시장 개장에 대한 답례 차원의 상하이시장 개장이라는 주장도 있었지만, 중국 입장에서는 위안화 국제화의 단계적 진행의 일환이었다. 즉 중국을 벗어난 역외에서 위안화가 통용되는 직거래시장(역외시장)을 개설과 동시에 중국 내에서 위안화와 외국통화가 직거래로(보다 정확히 표현하면 달러를 개입시키지 않고) 교환되는 시장을 개설하는 것이다. 이런 식으로 위안화의 국제적 통용성을 단계적으로 높여 가는 것이 중국의 장기적 방향이었다(중국에는 당시 이미 홍콩달러, 싱가포르달러 등 11개 통화의 직거래시장이 개설된 상태였다).

아울러 중국 내 직거래시장을 위해 집중결제를 담당하는 청산은행이 선정되어야 했다. 서울 원·위안 직거래시장의 청산은행으로 중국 금융당국이 교통은행을 선정한 것처럼 상하이 원·위안 직거래시장의 청산은행을 한국 금융기관 중에서 선정하는 것이다. 문제는 어느 은행이 선정되느냐였다.

위안화 비즈니스에서 선도적인 역할을 하기 위해서는 반드시 청산은행으로 선정되어야 한다고 판단한 필자는 선정을 위한 준비 작업에 들어갔다. 청산은행 선정에 따른 비즈니스 기회 및 홍보 효과로 국내 대형은행들은 모두 깊은 관심을 가지고 출사표를 던진 상황이었다. 따라서 청산은행 선정을 향한 치열한 경쟁이 눈앞에 보였다.

사실 중국 내 직거래시장의 청산은행 선정 준비 작업은 훨씬 이전부터 진행되었다. 이것의 가장 중요한 기준은 원·위안 시장에 대한 기여도가 될 것이 분명했기 때문에 2014년 서울 직거래시장 개장 이후 필자는 거래량 우위를 지키는 전략을 지속해 왔다. 그래서 인력투입과 거래에 따른 비용에도 불구하고 원·위안 전담 딜러를 투입하고 활발한 거래를 독려하였다. 그 결과 시장 개장 이후 내내 필자의 은행은 국내 원·위안 시장의 거래량 선두를 유지할 수 있었다.

청산은행 선정은 한국은행에서 주관하여 진행되었고, 본격적인 선정작업이 2016년 1월부터 진행되었다. 청산은행 선정을 위해 필자가 강조한 포인트는 세 가지였다.

　첫째, 국내 외환시장에서의 필자 은행의 강점.
　둘째, 서울 직거래시장의 거래량 기여도.
　셋째, 청산은행 역할을 하게 될 중국 법인의 규모와 강점.

　필자는 이러한 포인트를 부각시키면서 직원들을 독려하며 바쁘게 움직였다. 사업자 선정이라는 것이 다 그렇듯이 선정일이 다가올수록 모두 피가 마르도록 초조해졌다. 필자는 담당임원으로서 직을 걸고 임하는 비장한 심정이었다. 치열한 정보전과 우여곡절이 지나가고 드디어 선정일이 다가왔다. 필자는 기도하는 마음으로 결과를 기다렸다.
　선정 결과는 뜻밖에 KEB하나은행과 우리은행의 공동 선정이었다. 이러한 결과에 대해 여러 설들이 있었지만 분명한 건 그만큼 치열했고, 선정에 고심이 깊었다는 것이다. 공동 선정이라는 결과를 얻었지만 필자와 직원들은 안도의 한숨을 쉴 수 있었고, 위안화 비즈니스를 위한 중요한 수단vehicle을 확보할 수 있었다.

KEB하나은행, 우리은행 '원·위안 청산결제은행' 선정

　한국은행은 오는 6월 개설되는 중국 상하이 내 원·위안 직거래시장의 청산은행으로 KEB하나은행과 우리은행의 중국 현지법인을 선정했다고 밝혔습니다. 현지법인의 이름은 하나은행 중국유한공사와 우리은행 중국유한공사입니다. 한국은행은 "청산업무에 관한 조직과 인력체계, 외환전문성, 결제

안정성, 사업계획 내용 이행가능성 등을 종합적으로 평가했다"고 선정배경을 설명했습니다.

출처: 서울경제 TV(2016.4.12)

2016년 6월 상하이 원·위안 직거래시장 개장 기념행사가 베이징에서 있었다. 필자는 청산은행 관계자로서 행사에 참석했다. 한국에서는 경제부총리, 한국은행 부총재, 청산은행 은행장 등 고위 인사들은 물론, 중국 측에서도 인민은행 등 관련 기관의 고위 인사들이 다수 참석했다. 기념식이 열리는 장소는 베이징 중심가의 대형호텔로 규모와 시설 면에서 나무랄 데가 없었다. 중국 특유의 거창한 기념 공연이 이어지고 고위 인사들의 축사가 이어졌다. 당시 한국의 경제부총리는 중국 내 원·위안 직거래시장은 한국의 원화가 해외에서 거래되는 첫 사례라는 의미를 부여하며 경축하였다. 그러나 왁자지껄한 행사장 분위기 속에서 필자가 생각한 이 순간의 의미는 조금 달랐다.

'이것은 미국 중심의 국제금융질서를 변화시키고자 하는 중국의 거대한 발걸음의 하나이다.'

'한국은 이러한 중국의 발걸음에 협조하면서 어떠한 실리를 챙길 수 있을까?'

'과연 중국은 국제금융질서의 변화를 완성시킬 수 있을까?'

필자의 머릿속은 복잡했다. 그런데 그 순간 서울에서 다급한 전화가 왔다. 필자와 같이 일하는 채권 담당딜러였다.

"지금 영국에서 브렉시트BREXIT 국민투표가 예상외로 가결되어 시장이 크게 흔들리고 있습니다."

브렉시트로 인한 글로벌 경기침체 가능성에 대한 우려로 주식시장이 크게 하락하고 안전자산인 국채 가격은 폭등하는 대혼란이 발생한 것이다. 필자의 머릿속에는 어느새 운용 포트폴리오의 손익변동 상황과 대응책이 그려지고 있었다.

기념식 무대에서 펼쳐지는 성악가의 힘찬 고음이 브렉시트로 요동치는 시장의 파도와 부딪치면서 필자의 머리를 쥐고 흔드는 것 같은 복잡한 날이었다.

12 ┄┄┄ "I do not like Trump." — 스위스 투자자를 잡아라

필자 일행을 태운 밴은 스위스 베른을 출발하여 바젤의 한 호텔로 향하고 있었다. 스위스 투자자들과의 설명회 시간이 얼마 남지 않았다. 복잡한 골목을 지나고 지나 약속 장소에 가까스로 도착했다.

'여기가 그 무시무시한 바젤이란 말인가?'

필자는 스위스의 조용한 도시에 도착하여 무의식적으로 중얼거렸다. 은행원들에게는 특별한 의미가 있는 곳이기 때문이다. 전 세계 은행을 쥐고 흔드는 BIS 자기자본 규제를 만들어 낸 국제기구 BIS Bank International Settlement가 소재한 곳이 바젤이다. 1980년대 일본 은행들이 국제금융시장을 석권하고 있을 때 1988년 미국 주도의 바젤 합의를 통해 일본 은행들을 초토화시킨 역사가 있는 도시로, 은행원들은 바젤이라는 단어만 들어도 긴장한다. 스위스 투자자들을 유치하기 위해 필자 일행은 제네바와 베른에서 설명회를 마친 상태였지만, 바젤이 주는 의미는 필자 일행을 더욱 긴장시켰다.

투자설명회가 있는 호텔의 예약한 방으로 들어가니 고풍스러운 큰 테이블에 16개 정도의 좌석이 준비되어 있고 베이지 톤의 세련된 커튼 사이로 따뜻한 햇살이 넉넉히 들어오고 있었다. 다행히 투자자들은 아직 아무도 오지 않은 상태였다. 필자는 장소 점검을 하고 투자자들을 기다렸다. 동행한 채권 발행주간사인 스위스계 글로벌 뱅크의 직원이 투자자들의 면면을 알려 주었다.

　드디어 투자자들이 하나둘씩 모였다. 약속된 인원이 모두 참석하고 필자의 인사말에 이어 동행한 담당차장이 은행의 개요 및 재무상황에 대한 브리핑을 이어 갔다. 그러는 동안 필자는 착석한 투자자들의 면면을 유심히 살폈다. 투자자들의 연령층은 다양했다. 이제 서른이 되었을까 싶은 젊은이부터 일흔이 넘어 보이는 노인까지 다양했다. 그리고 모두 '한국에서 건너온 이 낯선 사람들이 무슨 이야기를 할까?' 하는 표정으로 촉각을 세우고 있는 듯했다.

　"저분이 이 지역에서 가장 고참 투자자이고 운용업계의 오피니언 리더입니다."

　동행한 주간사 직원이 가장 고령자로 보이는 사람을 지목하며 귓속말로 전해 주었다. 사전에 듣기로 스위스 투자업계는 지역별로 펀드 매니저들의 유대가 매우 긴밀하고 각 지역의 고참들이 의견이 다른 매니저들에게도 중요한 역할을 하고 있다는 것이었다.

　"저분의 반응이 매우 중요합니다. 다른 매니저들에게 영향을 많이 미치고 있으니까요."

　필자는 다시 한 번 지역 고참의 얼굴을 숙지하였다. 담당차장의 브리핑이 끝나자 질문이 이어졌다. 다양한 질문이 나오면서 질문의 수준은 은행의 재무상태에서 시작해서 한반도 남북관계, 미·중 무역분쟁 등으로 점점 높아지고 있었다.

'대한민국 경제부총리 정도 지위에 있는 사람이나 대답할 수 있는 것을 왜 여기서 묻는 걸까?'

필자는 내면의 투덜거림을 감추고 다소 교과서적으로 답변을 이어갔다. 어차피 경영진의 생각과 수준을 알아보는 투자자들의 접근 방법이라고 필자는 생각했기 때문이다.

"트럼프 행정부의 무역정책 및 한반도 안보정책에 대하여 한국 정부의 대응이 어떻습니까?"

필자는 여기저기서 얻어들은 이야기를 종합하여 상식적인 수준에서 교과서적인 답변을 했다. 그러자 질문한 투자자가 좀 미진했는지 추가 질문을 했다.

"이러한 트럼프의 정책 방향으로 인해 한국의 기업 및 은행들의 비즈니스는 매우 어려워지지 않겠습니까?"

이 질문은 보다 솔직하게 경영환경의 리스크를 말해 보라는 투자자의 요구로 들렸지만 한편으로는 유럽 사람들의 트럼프에 대한 반감이 담겨 있다고 느껴졌다.

'어차피 정답이 없는 질문인데 공감을 얻을 수 있고 임팩트를 줄 수 있는 방향으로 답변해야겠다.'

이런 생각이 들어 필자는 답변을 하는 도중에 뜬금없이 소리 높여 외쳤다.

"I do not like Trump!"

이것은 필자가 2015년 9월 프라하에서 열린 외환딜러협회Forex Club 총회에 참석했을 때 만난 미국인 뱅커에게 들은 표현이다. 당시 미국 대선 후보 경선이 진행 중이었고 자연스럽게 미국 대선에 대해 미국 인 뱅커와 대화를 하게 되었다. 이 미국인이 흥분하며 하는 말이 다음 과 같았다.

"한국에서 파산신청을 네 번이나 한 사람이 대통령에 나오겠다 하 면 어떨 것 같습니까?"

신용을 생명으로 아는 뱅커 입장에서 트럼프 같은 사람은 대통령 후보의 자격이 없다는 말이었다. 그리고 "I do not like Trump!"라고 단호하게 말했다. 필자는 그때의 기억이 떠오르면서 스위스 투자자들 에게 강한 동질의식을 일으킬 수 있다고 판단한 것이다. 그러자 투자 자들이 술렁거렸고 가장 원로급의 투자자가 동의하는 듯 환한 미소로 반응을 보였다. 동시에 여기저기서 미소 띤 얼굴이 보였는데 모두 강 하게 공감하는 표정이었다. 그때까지 다소 경직되고 긴장감이 돌던 분위기는 트럼프에 대한 적대감으로 뭉친 동질감으로 뜻밖에 따뜻한 (?) 분위기로 급반전하였다. 필자의 뜬금없는 발언이 딱딱한 프레젠 테이션 현장의 분위기를 변화시키는 데 일조한 것이다. 프레젠테이션 이 끝나고 돌아가는 투자자들과 한 명씩 인사를 하는데 가장 원로급 투자자가 필자의 손을 두 손으로 꼭 잡고 말했다.

"당신의 명확한 설명으로 한반도의 상황과 은행산업에 대한 많은 것을 알게 되었습니다. 정말 고맙습니다!"

시장의 풍파를 오랜 시간 겪어 온 노장의 품격이 느껴지는 큰 키의 노신사의 말에서 알 수 없는 따뜻함이 전달되었다. 그리고 필자는 스위스 시장을 개척할 수 있을 것 같은 막연한 자신감을 느꼈다.

* * *

모든 은행에는 자금資金(Treasury) 파트가 있다. 자금파트의 가장 중요한 역할은 은행 영업을 위한 안정적인 자금 조달이다. 조달 자금에는 원화자금과 외화자금이 있다. 원화자금 조달은 한국 내 뱅킹시스템에서 이루어진다. 원화자금 조달의 관건은 은행의 건전성과 금융감독당국(감독기관과 한국은행)의 정책 방향에 의해, 즉 한국 내에서 자금 조달이 결정된다. 그러나 외화자금 조달은 다르다. 은행의 건전성이라는 기본적인 사항 외에 국가의 건전성, 국제금융시장의 자금수급, 국제정치의 변화 등 무궁무진한 변수에 의해 좌우된다.

1997년 외환위기에서 경험했듯이 일단 외화유동성에 문제가 발생하면 금융기관이든 국가든 엄청난 비용을 지불해야 한다. 따라서 자금 담당자들은 외화자금의 안정적인 확보를 위해 항상 신경을 써야 한다. 외화유동성 위기가 언제 발생할지 알 수 없기 때문이다.

외화유동성 확보의 중요한 요소는 다양성이다. 자산운용에서 가장 중요한 원칙이 포트폴리오인 것처럼, 자금 조달에서도 다양한 형태의 포트폴리오를 가지고 있어야 한다. 그래야 유동성 위기 시에 충격을 완화시킬 수 있다. 필자는 외화자금 조달의 포트폴리오 다양화 차원에서 스위스프랑 채권 발행을 2018년 초부터 추진하였다. 스위스프랑 채권 발행을 생각하게 된 것은 다음과 같은 이유 때문이었다.

첫째, 스위스는 내부적으로 축적된 자본을 바탕으로 엄청난 투자 역량을 보유한 나라이다. 따라서 어느 국제금융시장에서도 주요한 투자자로서의 지위를 갖고 있고 한국에 대해서는 이미 달러시장을 통해 상당 규모의 투자를 하고 있다. 따라서 이런 국가의 시장에 채권 발행자로서 데뷔하여 투자자에게 은행을 소개하고 자금을 유치하는 것은 장기적으로 매우 중요한 자금공급 시장을 확보하는 것이다.

스위스의 외환보유액은 2018년 말 현재 약 6,300억 불로 한국의 4,040억 불의 약 1.6배 규모인데, 스위스의 GDP 규모(2018년 말 현재 7,055억 불, 한국은 1조 6천190억 불)를 감안할 때 매우 높은 수준이다(Trading Economics, Country Economy 홈페이지 수치 참조).

둘째, 은행의 외화자산이 대부분 달러 표시이므로, 스위스프랑을 조달하더라도 이것은 스와프시장을 통하여 달러자금으로 전환시킬 예정

스와프시장

서로 다른 형태의 자산·부채를 교환하는 시장. 현재 보유하고 있는 자산·부채의 형질을 일정 기간 변형시키고 싶을 때 이 시장을 이용한다. 스위스프랑 부채를 통해 자금을 조달하였지만 이를 운용할 곳이 없다면 이 자금을 달러로 스와프하여 달러자금으로 만들어 운용할 수 있다. 달러는 기축통화이기 때문에 어느 나라나 자국의 통화 대비 달러 스와프시장이 형성되어 있다. 동일한 발행자라면 동일한 신용도를 가지므로 달러채권으로 조달하는 것이나 스위스프랑 채권 발행 후 조달한 자금을 스와프하여 달러로 조달하는 비용이 동일해야 한다. 그러나 스와프시장의 수급상황에 따라 그 비용은 달라진다. 따라서 달러채권으로 달러를 조달하는 것보다 스위스프랑 채권으로 스위스프랑 조달, 이를 스와프시장에서 달러로 변환시키는 비용이 더 적은 경우가 발생한다.

이었는데, 이 스와프 조건은 당시 매우 유리한 상황으로 가고 있었다. 즉 동일한 신용도로 채권을 발행하는데 달러로 발행하는 것보다 스위스프랑으로 발행 후 달러로 스와프하는 것이 더 유리한(비용이 싼) 상황이었다. 그 이유는 달러·스위스프랑 스와프시장 상황 때문이었다.

2018년 5월 필자는 은행의 담당직원들 및 발행 주간사의 담당자들과 스위스 투자자 미팅에 나섰다. 제네바, 베른, 바젤, 취리히를 거치는 일정으로 로드쇼는 시작되었다. 당시 로드쇼를 준비하면서 필자의 걱정은 두 가지였다. 2017년 이후 지속되고 있는 북한 리스크를 설명하는 것, 그리고 지극히 보수적인 스위스 투자자들에게 스위스 채권시장에 처음 나오는 필자의 은행을 편안한 투자처로서 어떻게 소개하느냐였다.

*　*　*

5월 30일 밤 제네바에 도착한 필자 일행은 제네바 중심가 호텔에 밤늦게 짐을 풀고 다음 날 아침에 있을 투자자 미팅에 대한 회의를 했다. 일행 모두 처음 도전하는 시장에 대한 설렘과 두려움이 교차하고 있었다. 필자의 일행이 결의를 다지고 있을 때 호텔 앞에는 론Rhone강 (프랑스에서 스위스 레만 호수로 흐르는 강)이 무심히 흐르고 있었다.

이튿날 정오 12시. 참석 예정된 투자자들이 속속 호텔의 미팅룸으로 도착했다. 필자와 동행한 담당직원이 준비된 프레젠테이션을 약 30분간 진행하고 이어서 질의응답이 시작되었다. 은행의 재무상태에 대한 질문에 대해서는 막힘없이 대응을 하고 스스로 만족하고 있던 필자는 추가되는 질문에 대응을 고심했다.

투자자들이 관심을 가지고 집중적으로 질문한 사항은 첫째, 남북한 정세, 미국과 북한의 관계, 통일에 대한 비전과 생각, 통일 후의 은행비즈니스 전망 등 한반도의 정치 사회적인 이슈에 대한 질문이었고 둘째, 사회적 이슈에 대한 은행의 대응 수준과 앞으로의 전략이었다.

발행자의 재무상황을 현미경으로 들여다보듯이 미세하게 들여다보는 미국과 홍콩·싱가포르 투자자들과 달리, 유럽 투자자들은 거시적, 정책적 이슈를 중시하는 특성이 있다는 것은 알고 있었다. 그러나 스위스 투자자들은 필자의 예상보다 훨씬 더 스케일이 큰 질문을 쏟아냈다. 그리고 사회적 이슈에 대처하는 은행의 전략에 관해선 필자는 사실 특별한 아이디어가 없는 상황이었다(이것이 뒤에서 언급할 사회적 채권과 같은 이슈라는 것을 투자자 미팅이 끝난 이후에나 알 수 있었다).

'남북한 정세와 통일의 비전에 관련한 질문은 너무나 스케일이 큰데 어떻게 하나?'

'어떻게 이야기하는 것이 투자자들에게 신뢰감을 줄 수 있을까?'

필자는 당혹스러움을 감추고 나름대로 즉석 대응을 했다. 2017년 한반도의 긴장이 최고조에 이를 때 대만 투자자 유치를 위해 준비했던 경험이 많은 도움이 되었다.

"통일에 대한 생각은 세대 간 차이를 보이고 있습니다."

"따라서 통일을 정서적인 국민의 바람을 고려하되 매우 신중히 접근해야 합니다."

"막대한 통일 비용이 들지만 장기적으로 한반도의 경제적 번영을 가져올 것입니다."

"저희 은행은 통합 이전 외환은행 시절에 북한 비즈니스에 깊은 관심을 가지고 사업을 추진한 경험이 있습니다."

너무나 큰 이슈에 대해 갑자기 국가를 대표해서 답변하는 영광과 당혹감을 느꼈지만 상식적이고 긍정적인 답변으로 투자자들에게 안정감을 주어야 한다는 생각만이 머릿속을 채우고 있었다.

"한국에서 사회적 이슈는 매우 초기 단계이기 때문에 아직 본격적인 논의는 이루어지고 있지 않습니다. 앞으로 단계적으로 논의될 것이고 우리도 이에 대응하여 내부시스템을 발전시킬 것입니다."

다만 사회적 이슈에 대해서는 이처럼 다소 궁색한 답변을 늘어놓을 수밖에 없었다.

KEDO와 금호지구 외환은행 출장소

북한의 원자로 2기를 동결하는 대가로 미국이 제공하는 경수로 2기를 건설하기 위해 1995년 3월 국제 컨소시엄인 KEDOKorea Peninsula Energy Development Organization가 설립되었고 건설부지로 함경남도 신포에 금호지구를 지정한다. 동 사업 진행을 위한 예금, 송금 업무를 처리하기 위해 당시 외환은행이 1997년 12월 금호출장소를 설립한다.

  제네바에 이어 베른, 바젤, 취리히 등 스위스의 주요 도시를 돌며 투자자들에게 은행을 소개하였는데 투자자들의 질문은 앞서 언급한 내용들과 큰 차이가 없었다. 이 과정에서 필자는 스위스 투자자들의 특성을 파악할 수 있었다. 즉 재무적인 내용은 자료로 파악을 하고, 보다 거시적이고 정책적인 사안에 대해 발행자의 입장과 생각을 들어봄으로써 발행자의 철학과 신뢰도를 가늠하는 것이 스위스 투자자들의 특성이라는 점이다. 그리고 각 지역별로 주요 기관 투자자들은 매우 밀접하게 연결되어 있어 정보를 교류하며, 투자의견을 그 지역의 원로 투자자가 주도하고 있다는 점이다.

  스위스 투자자 설명회를 끝내고 서울로 돌아와서 필자 일행은 채권 발행에 대한 마무리 작업을 진행하였다. 그러나 로드쇼 과정에서 투자자들이 보여 주었던 호응과는 달리 투자금 모집이 순조롭게 진행되지 않았다. 보수적인 스위스 투자자들 입장에서 처음 진입하는 발행

스위스프랑 채권 발행조건

항목	내용
발행자	KEB Hana Bank
발행일	2018.8.16.
발행통화	스위스프랑
발행규모	1억 스위스프랑(약 1,140억 원)
표면금리	3%
만기	2023.9.14.
주간사	UBS, Commerzbank

출처: Bloomberg

자에 대해 극도의 신중함을 보였기 때문이다.

이런 경우 발행자가 할 일은 명확하다. 성실하고 정교한 자료 제공을 통해 투자자에게 확신을 주는 것이다. 투자자들에 대한 설득 노력이 이어지면서 드디어 2018년 8월 16일, 목표액 1억 스위스프랑(약 1,140억 원)의 모집을 달성하였다. 금액이 크지 않지만 스위스 시장에서 채권 발행을 마무리함으로써 새로운 투자자 기반을 만들어 내는 데 성공하였다.

스위스와 같이 투자 잠재력이 크고 보수적인 국가의 경우 꾸준한 시장 참여를 통해 한국 기관의 크레디트 히스토리Credit History를 축적해야 한다. 그것은 대한민국의 유동성 인프라를 구축하는 데 큰 도움이 될 것이다. 필자는 앞으로 많은 한국의 기업들이 스위스 시장에 도전해 보기를 희망한다.

히드로 공항을 출발한 자동차는 런던 시내로 들어왔다. 11월 오후 다섯 시경, 런던은 이미 한밤중처럼 칠흑 같았다.

'처음 도전하는 사회적 채권시장에서 투자자들의 관심을 과연 끌어 낼 수 있을까?'

필자가 차 안에서 고심하고 있는 사이 멀리서 빅벤Big Ben의 웅장한 모습이 눈에 들어왔다. 주변에는 벌써부터 크리스마스 장식이 빛나고 거리에는 사람들로 넘쳐나고 있었다. 그 순간 '쾅' 하는 굉음과 함께 필자가 탄 차가 심하게 흔들렸다. 인도인 운전기사는 핸들을 부여잡고 차량의 방향을 유지하려고 안간힘을 쓰고 있었다. 잠시 후 차량은 멈춰 섰고 운전기사는 문을 열고 상황을 파악하더니 말했다.

"차량이 인도人道 연석에 부딪히는 바람에 타이어가 펑크 났습니다."

기사는 어두운 상태에서 좁은 런던의 도로를 지나가다 돌출된 연석을 보지 못했던 것이다. 차량이 좀 더 흔들려서 차선을 이탈했으면 더 큰 사고로 이어질 수도 있는 상황이었다.

'투자자 미팅 출장 와서 별일을 다 겪네. 제발 이걸로 액땜하고 투자자 모집이 잘 되어야 할 텐데.'

필자는 뜬금없는 주술적 바람을 중얼거리며 일행과 함께 차에서 내려서 숙소를 향해 걸었다. 인파를 헤치고 빅벤을 지나 템스강을 따라 걸어가는데 필자가 사회적 채권이라는 용어를 처음 접했을 때가 떠올랐다.

'6년 전 신문에서 처음 접한 이 시장에 드디어 도전하는구나!'

새로운 시장에 도전하는 묘한 흥분으로 가슴이 두근거리는 필자의 앞에 템스강은 무심히 흐르고 있었다.

* * *

런던에 도착한 다음 날 아침부터 투자자 미팅이 시작되었다. 첫 번째 미팅은 영국계 유명 투자은행에서 열렸다. 런던 금융중심가의 번듯하면서도 세련된 사무실과 더 세련된 펀드매니저는 필자를 긴장시켰다.

"해외 사업의 수익 기여도는 얼마입니까?"

"대기업과 중소기업의 비중은 어떻게 됩니까?"

"배당 성향은 어떻게 됩니까?"

하지만 필자 일행이 만난 사람은 지속가능 이슈에 대한 전문가가 아닌 일반적인 투자담당자였다. 따라서 질문도 재무 중심으로 이루어졌고 답변을 하는 데 어려움은 없었다. 지속가능 이슈에 대한 답변을 위해 잔뜩 긴장했던 필자 일행으로서는 다소 김이 빠지는 상황이었지만 면담은 무사히 마칠 수 있었다.

'첫 미팅은 연습 게임을 한 것으로 생각하자.'

필자는 첫 미팅을 잘 끝낸 것에 만족했지만 그다음 미팅은 무척 신경이 쓰였다. 두 번째 미팅은 지속가능 이슈에 대한 전문적 투자기관과 약속이 되어 있었기 때문이다. 세계 최초의 ESG(환경Environmental, 사회Social, 지배구조Governance)전용 채권펀드를 운용한다는 자부심이 있는 투자회사였다.

그런데 미팅 장소인 이 투자회사를 찾아가는 것이 쉽지 않았다. 런던 특유의 좁은 골목을 지나고 지나 차량이 진입하기 힘든 작은 골목으로 걸어 들어가고 나서야 겨우 작은 건물 하나를 찾을 수 있었다.

'이런 곳에 세계적인 투자기관이 있다니!'

그동안 필자가 방문한 수많은 투자기관들은 대개 자신의 파워를 과시하듯 번듯한 위치와 건물에 자리 잡고 있었기에 이러한 상황이 필자에게 매우 인상적이었다. 필자 일행은 서너 명이 겨우 탈 수 있는 작은 엘리베이터를 타고 올라가 면담실로 들어갔다.

좁은 면담실은 필자 일행만으로도 꽉 차는 느낌이었다. 조금 기다리자 다섯 명의 담당자들이 들어왔다. 그들은 얼핏 보기에도 60대 이상의 나이 지긋한 분들이었다. 모두 인상 좋은 아저씨와 아줌마, 또는 할아버지와 할머니들이었다. 필자는 면담을 시작하기도 전에 참석자들의 목소리가 들리는 듯했다.

'우리는 수익률만 추구하는 기존의 투자자와는 근본적으로 다르다.'

필자는 자신도 모르게 중얼거렸다.

'지속가능 이슈 전문가들은 인상부터 다르구나.'

그리고 면담이 시작되자 질문이 쏟아졌다.

"중소기업에 대한 대출 지원은 얼마나 하고 있나요?"

"고용창출을 위한 대출 정책이 있나요?"

"친환경 차량에 대한 지원은 소비자 대상인가요? 아니면 제조업체 대상인가요?"

예상했던 대로 질문의 각도는 전통적 투자자와 달랐다. 면담 내내 발행자의 재무구조를 현미경으로 들여다보듯 샅샅이 살피는 일반적 펀드매니저들과는 다르게 발행자의 가치관, 사회적 활동 등이 주요 질문사항이었다. 특히 사회적 약자, 중소기업에 대한 지원 등 사회적 이슈에 대한 질문이 주로 이루어졌다.

면담이 진행되면서 필자는 여러 가지 생각이 머릿속을 스쳐 갔다. 돈을 가진 자들이 한 푼이라도 더 벌기 위해 수단 방법을 가리지 않는 것이 엄연한 현실이고 그 현실을 받아들이며 살아온 필자에게 사회적 가치를 추구하는 투자자의 존재는 새로운 세상이었다. 서민금융지원 사회적 기업을 운영하는 필자의 선배가 오래전 필자에게 한 말이 불현듯 생각났다.

"너희같이 부자들만을 대변하는 탐욕스러운 금융인들로부터 서민을 보호하기 위해 우리가 존재한다."

돈을 가진 자는 강자이다. 강자가 사회적 가치를 구현하고자 움직인다면 세상이 좀 더 좋은 모습으로 변할 수 있을 것이다. 그리고 그러한 움직임이 실제로 일어나고 있는 딴 세상 같은 현장을 보면서 필자는 대한민국의 금융인으로서 심한 열등감을 느꼈다. 고도화된 시스템과 화려한 테크닉으로 돈을 더 버는 것이 선진금융이라고 믿어 온 필자에게 선진금융이란 남을 배려하는 품격 있는 금융이라고 이 영국 투자자들은 가르치고 있는 것 같았다.

런던에서 일정을 마치고 11월 27일 취리히로 이동하였다. 몇 달 전 스위스프랑 채권을 발행한 경험이 있어 스위스 투자자들의 성향은 어느 정도 파악되어 있었다. 예상대로 취리히의 투자자들은 거시적인 질문이 많았다.

'사회적 가치가 한국의 은행산업에 얼마나 영향을 미치고 있습니까?'

'중소기업을 위한 대출이 환경 보호와 상충되는 경우는 없습니까?'

'남북 통일에 대한 귀하의 견해는 어떻습니까?'

런던에서 사회적 이슈에 대한 논의를 해 본 덕분에 취리히 미팅은 훨씬 편하게 대처할 수 있었다. 미팅을 마치고 그날 밤 늦게 곧바로 뉴욕행 스위스항공 여객기에 몸을 실었다. 쉴 틈 없는 미팅과 이동으로 필자의 심신이 지칠 대로 지쳤지만 머릿속은 점점 또렷해지는 것 같았다.

'가장 중요한 미국 투자자들을 잡지 못하면 이 딜은 실패한다. 긴장의 끈을 놓지 말자!'

11월 28일 오전부터 뉴욕 일정이 시작되었다. 미국의 투자자들을 만나 보니 환경 보호 이슈에 보다 집중하였다. 유럽 투자자들과는 다른 양상이었다.

"그린Green대출의 만기는 어떻습니까?"

"환경 이슈와 중소기업 지원 이슈가 충돌할 때 어떤 원칙을 가지고 있습니까?"

어느 초대형 펀드에서는 환경 관련 박사 출신 전문가가 나와서 환경 이슈의 기술적인 부분까지 세세하게 질문하여 필자 일행을 당혹스럽게 하였다.

'미국에서 환경 이슈는 우리가 생각한 것보다 훨씬 심각한 것이구나!'

필자는 소위 선진 금융의 방향이 사회적 이슈에 크게 영향을 받는다는 사실을 체험하고는 이것이 향후 전 세계 금융시장의 판도를 변화시킬 것이라고 쉽게 예상할 수 있었다.

* * *

'사회적 채권, 사회적 금융.'

한국에서는 아직도 생소한 용어이다.

2012년, 필자는 금융 지주사에서 기업금융을 담당하면서 금융 이슈와 금융 지주의 대응방안에 대해 조사하다가 영국 경제 일간지 파이낸셜 타임스*Financial Times*에서 사회적 채권social bond이라는 용어를 처음 접하게 되었다. 처음 접하는 용어에 대한 흥미와 신선함으로 내용을 읽어 보니 사회적인 목적을 위한 자금을 조달하기 위해 발행하는 채권이라는 설명이었다.

사회적 목적이라 함은 기업이윤적 목적에 대비되는 개념으로, 사회적 이념(빈부격차 해소, 약자 보호, 환경 보호 등)을 추구하는 것이 목적이다. 그리고 몇 가지 사례와 발행 구조에 대한 설명이 있었다. 그러나 당시 필자는 이러한 시장을 이해할 수가 없었다.

'사회적 목적을 추구하는 사업이라는 것은 상대적으로 수익성이 떨어지는 경우가 많을 텐데 이러한 사업을 하는 주체에게 투자하는 것이 보편화되어 채권시장을 형성할 수 있을까?'
'도대체 이런 논의를 왜 하는 것일까?'

지금에 와서 생각해 보면 이런 생각을 한 내가 창피해서 얼굴이 붉어질 정도이다. 필자는 사회적 공감을 얻은 사회적 요구가 투자대상에 대해 역할을 촉구할 수 있다는 사실을 몰랐다. 즉 투자자가 사회적 가치를 추구할 경우 그러한 가치에 부합하는 사업에만 투자하고 이러한 투자가 시장을 형성한다는 것을 몰랐던 것이다. 금융이 추구하는 가치가 단순히 높은 수익률과 낮은 위험만이 아닌 사회적 가치가 되는 세상이 시작된 것이다. 그리고 이러한 움직임이 미국, 유럽 등 소위 선진 금융시장에서 이미 활발하게 일어나고 있었다.

가치를 추구하는 금융

2018년 6월 스위스 투자자 설명회에서 있었던 사회적 이슈에 대한 질문을 시작으로 필자는 사회적 채권이 글로벌 채권시장의 트렌드로 급부상하고 있는 것을 확인하였다. 즉 미국과 유럽에서 단순히 투자 수익만을 추구하는 것이 아니라 추구하는 가치에 부합하는 활동을 하는 기업에 투자하는 투자자들의 숫자와 투자규모가 급속히 늘어나고 있었다.

이러한 특정 목적에 부합하는 활동의 재원으로 조달하기 위한 채권을 통칭하여 지속가능채권sustainable bond이라 한다. 지속가능이라는 표현을 붙인 것은 지속가능경영corporate sustainability management에서 나온 것으로 보인다. 지속가능경영의 의미는 기업의 전통적인 가치인 수익성 이외에 사회적, 환경적인 가치를 충족시켜야 기업이 지속적으로 성장할 수 있다는 것이다. 사회적 책임투자Social Responsible Investment의 관점에서 비재무 요인인 ESG를 검토해야 한다는 주장도 동일한 내용으로 지속가능채권을 ESG bond로 지칭하기도 한다.

가치를 추구하는 금융의 용어들

금융에 가치를 부여하는 두 개의 큰 흐름은 환경분야와 사회적 영향력이
다. 2001년 미국 샌프란시스코시市의 재생에너지 프로젝트 자금을 조달하
기 위한 Solar Bond 발행, 2008년 월드뱅크World Bank가 발행한 최초의 녹
색채권Green Bond 등이 환경분야 금융의 시발점이었다. 이후 2011년 미국 제
이피 모건 체이스 앤드 컴퍼니J.P. Morgan Chase & Company 은행 및 록펠러 재단
Rockefeller Foundation은 '자본 회수를 넘어 긍정적인 영향을 목적으로 하는 투
자'를 임팩트 투자Impact Investing로 정의하였다. 이후 임팩트 본드, 그린 본드,
블루 본드, 소셜 본드 등 각종 용어들이 나오고 있다. 개념적으로 정리하면
이러한 금융의 사회적 가치를 담은 채권을 지속가능채권sustainable bond으로
총칭하고 그 내용 중에 환경 관련은 녹색채권Green bond, 기타 사회적 이슈 관
련은 사회적 채권Social bond으로 분류하는 것이 타당하다.

참조: 두산백과, 위키피디아

지속가능채권의 주종을 이루는 것은 사회적 채권과 녹색채권이다.
사회적 채권은 앞서 설명한 것처럼 약자 보호, 빈부격차 해소 등 사회
적 목적을 추구하는 활동에 쓰이는 재원을 조달하는 채권이고, 녹색
채권은 신재생 에너지 확대, 탄소배출 절감 등 환경 보호 활동에 쓰이
는 재원을 마련하는 채권이다.

대체적으로 유럽에는 사회적 채권에 중점을 두는 투자자들이 많고,
미국에는 녹색채권에 중점을 두는 투자자들이 많다. 이러한 현상은 유
럽과 미국 각 지역의 역사적, 사회적 배경으로 인한 것으로 추정된다.

앞서 필자는 2012년에 사회적 채권이라는 용어를 처음 접하고 "이
채권이 시장을 형성할 수 있을까?" 하는 의문을 가졌다고 언급했다.

그런 의문을 가졌던 이유는 돈에 대해 무색무취한 수량적 의미만을 부여한 데 따라서 수익률이라는 절대기준만이 금융의 판단 근거라고 생각했기 때문이다. 그러나 돈을 가진 투자자들이 수익률 이외의 가치를 추구하면서 투자를 수익률을 초월한 더 큰 기준으로 판단하게 된 것이다.

이미 한국에도 금융에 가치를 부여하는 움직임이 존재한다. 금융약자를 지원하는 각종 단체 및 사회적 기업이 한국에서 활동하고 있다. 그러나 이러한 활동은 약자에 대한 지원과 배려를 하기 위해 주로 후원을 기반으로 이루어진다는 점에서 미국과 유럽의 사회적 금융 활동과 차이가 있다. 즉 미국과 유럽의 경우 투자자의 판단을 바탕으로 금융에 가치를 부여하기 때문에 그 효과는 매우 강력하다. 결국 돈을 푸는 자가 시장을 만들기 때문이다.

사회적 금융을 지향하는 기업, 단체들
- 희망 만드는 사람들: 2009년 설립, 빚으로 고통받는 사람이 없는 건강한 사회 추구
- 사회연대은행: 2002년 설립, 취약계층을 지원하여 더불어 사는 건강한 공동체 사회 형성
- (사)서민금융연구원: 2017년 설립, 서민금융의 건전한 발전에 기여

이처럼 투자에 가치를 부여하는 현상이 지금은 미국과 유럽을 중심으로 일어나고 있지만 점차 우리나라에서도 활성화될 것으로 예상할

수 있다. 그런 상황이 온다면 투자자의 가치를 충족시키지 못하는 기업이나 금융기관은 자금 조달에 큰 애로를 겪게 될 것이다.

　필자는 여기서 한걸음 더 나아가서 큰 변화가 올 수 있다고 생각한다. 즉 가치를 부여하는 주체가 투자자가 아닌 금융감독당국일 경우 금융기관들은 자산배분시스템을 변경해야 한다. 현재에도 중소기업 대출, 서민대출 등 사회적 가치를 반영하는 규제장치가 한국 금융감독체계에 존재하지만, 앞으로 규제 수준은 더 강화될 가능성이 있다. 일부 국가가 영향력을 발휘하여 BIS 등 국제기구를 통해 전 세계 금융 감독의 기준을 변경할 수도 있다. 이렇게 투자에 가치가 부여되는 현상이 일반화된다면 투자 의사결정에서 최적점을 찾는 변수로 종전의 리스크, 리턴에 가치가 더해져야 할 것이다. 그렇다면 투자이론은 지금까지보다 훨씬 복잡하게 될 것이다.

금융의 가치에 대한 감독 기관 개입 가능성

　2019년 7월 파리에서 개최된 G7(미국, 영국, 캐나다, 프랑스, 독일, 이탈리아, 일본) 재무장관 회의에서 영란은행Bank of England 총재인 마크 카니Mark Carney는 현재 자발적으로 이루어지고 있는 금융사의 기후 관련 재무정보 공시 태스크포스TCFD: Taskforce on Climate-related Financial Disclosures의 보고서는 향후 의무적인mandatory 보고서로 운영되어야 할 것이라고 발언하였다.

출처: Financial Times (2019.7.17)

지속가능채권을 발행하다

스위스프랑 채권 발행을 계기로 지속가능채권 시장을 파악한 필자는 2018년 7월부터 이 시장에 본격적으로 뛰어들어야겠다고 생각했다. 더 이상 이 시장을 구경만 할 수 없다는 판단이었다. 외화자금의 경우 다양한 차입 기반은 필수적이기 때문이다. 만약 지속가능채권의 발행 요건을 필자의 은행이 충족시킬 수 있다면 이 성장하는 시장에 하루라도 빨리 데뷔하여 새로운 차입원을 구축해야 했다.

하지만 2018년 타 시중은행에서 외화 지속가능채권을 이미 진행 중인 상황이라 시중은행 최초 발행의 타이틀은 기대하기 어려웠다. 다만 기존에 진행 중인 타 은행의 채권이 미국을 제외한 지역에서의 발행을 목표로 진행 중이라 필자의 은행에서는 최초로 미국 투자자를 대상으로 하는 채권 발행에 도전하기로 방향을 잡았다.

외화채권 발행을 계획할 때 가장 먼저 결정해야 하는 것은 미국 투자자의 포함 여부이다. 미국은 최대의 달러 유동성을 보유한 가장 규모가 큰 시장이라는 장점이 있는 반면 투자자 보호가 가장 엄격한 나라이다. 그래서 미국에서의 채권 발행은 타 지역에 비해 훨씬 더 까다로운 규제를 준수해야 한다. 즉 투자자 기반이 크다는 장점과 발행을 위한 시간, 비용이 더 많이 든다는 단점을 가지고 있는 것이 미국 시장이다. 필자는 이 장단점을 감안하여 발행전략을 수립해야 했다.

'이왕 지속가능채권을 발행할 거라면 투자자 기반이 가장 큰 미국에서 발행해서 향후 지속적인 발행의 기반을 마련하자.'

미국 증권법에 따른 채권 발행유형

유형	Regulation S	Regulation S/144A	SEC shelf Registration
투자자 범위	비미국인 투자자	비미국인 투자자·일정 규모 미국인 투자자 (Qualified Institutional Investor)	모든 투자자 (미국 내 retail 투자자 포함)
장점	발행비용 상대적 저렴, 절차간단	Reg S에 비해 넓은 투자자 기반	가장 넓은 투자자 기반
단점	미국 투자자 배제	Reg S에 비해 발행비용 높고 절차 복잡	발행비용 매우 높고 절차 부담

참조: 글로벌 Investment Bank Presentation 자료

필자는 미국을 포함한 전 세계 투자자를 대상으로 지속가능채권을 발행하기로 결정하고 제반 절차를 준비하기 시작했다(미국 증권법상 Regulation S/144A 조항에 따른 발행 추진).

지속가능채권의 발행 요건은 크게 세 가지로 요약된다.

첫째, 채권 조달 자금이 투자자들이 요구하는 기준에 부합하는 곳에 운용되고 있는가? (조달한 자금으로 환경 보호 산업을 영위하는 업체에 적절히 대출하고 있는가?)

둘째, 이러한 현황을 관리하는 시스템이 구비되어 있는가?

셋째, 제3의 국제적인 기관으로부터 지속가능경영을 하고 있음을 인증받았는가?

지속가능경영 인증

　기업의 지속가능경영에 대한 평가를 ESG scoring이라고 하며, 이러한 평가를 수행하는 전문적인 기관이 있다. 지속가능채권을 발행하고자 하는 기업은 평가기관의 평가를 거쳐 인증서를 발급받고 이것을 근거로 채권 발행을 한다. 통상 투자자들이 인증서를 필수적으로 요구하지는 않지만, 인증서가 있는 편이 발행의 신뢰도를 높여 주기 때문에 발행자는 일정 비용이 들어도 통상 인증서를 발급받는다. ESG 인증 기관으로는 Sustainalytics, Vigeo Eiris 등이 있다. 한국에서는 한국기업지배구조원KCGS: Korea Corporate Governance Service이 지속가능경영 평가를 수행하고 있다.

참조: 각 사 홈페이지

　첫째 요건은 은행의 상황을 검토한 결과 문제가 없었다. 은행 최초로 발행을 추진하는 케이스이기 때문에 기존의 대출금액으로도 충분히 발행대금을 커버할 수 있었기 때문이었다(예컨대 1억 불의 지속가능채권을 발행한다고 하면, 그 금액 상당의 대출이 투자자가 요구하는 업종에 나가 있어야 하는데 처음 발행하는 경우여서 기존의 대출에서 투자자가 요구하는 업종에 대한 대출금액은 충분했다).

　둘째 요건에 대해서는 다행히 시행 중인 지속가능보고서의 운영 상황이 문제가 없어 충족시킬 수 있는 것으로 판단되었다(필자의 은행은 금융지주사 차원에서 한국기업지배구조원으로부터 ESG 평가를 받고 있었으며 2006년부터 지속가능보고서를 발간하고 있었다).

　셋째 요건은 인증을 추진하여 국제적 인증기관으로부터 인증서를 받기로 결정했다.

이렇게 시작한 지속가능채권의 발행은 주간사 선정을 마치고, 2018년 11월 런던, 취리히, 뉴욕, 워싱턴을 거치는 투자자 설명회의 일정을 잡았다. 미국과 유럽의 투자자들이 12월 중에는 대부분 휴가를 떠나기 때문에 단 5일 만에 유럽과 미국의 4개 도시를 방문하는 빠듯한 일정을 잡을 수밖에 없었다.

* * *

필자는 지속가능채권이라는 새로운 시장을 경험하면서 이것이 국제금융시장의 또 다른 규제를 만들 것이라는 생각을 떨칠 수 없었다. 그리고 이러한 규제가 국제금융시장에서 미국의 패권을 더욱 강화시키는 역할을 할 것이라는 예감이 들었다. 미국의 금융 패권은 은행의 건전성을 표방한 BIS 비율 규제(1988년), 테러 방지를 위한 AML 규제(2001년부터) 등과 같이 절대적 명분하에 결과적으로 이루어졌다. 환경 이슈가 지향하는 절대 선善 앞에서 또 하나의 미국이 주도하는 금융질서가 만들어질 것이라는 예감은 필자만의 기우였을까?

미국 일정까지 마치고 돌아온 필자 일행은 곧바로 투자자 반응을 체크하기 시작했다. 다행히 한국의 상업은행 최초로 미국 시장에 지속가능채권을 도전한 것에 대한 평가가 좋았고 투자자 모집은 순조롭게 진행되었다. 특히 고무적이었던 것은 상업은행 채권임에도 불구하고 워싱턴 D.C.의 대형공공기관이 큰 금액의 투자 의향을 밝힌 점이다(미국의 공공기관 투자자들은 공적 주체가 발행하는 채권 중심으로 투자한다).

지속가능채권 발행 조건

항목	내용	비고
발행자	KEB Hana Bank	
발행일	2019.01.23	
발행통화	미국 달러	
발행규모	3억 달러(3년 만기) 3억 달러(5년 만기)	총 6억 달러
표면금리	3.454%(3년 만기) 3.619%(5년 만기)	3M Libor+66.9bp 3M Libor+81.9bp
미 정부채 대비 수익률 스프레드	87.5bp(3년 만기) 100bp(5년 만기)	
주간사	BOA Merrill Llynch, HSBC, JP Morgan, UBS	

참조: Bloomberg

지속가능채권 발행은 2019년 1월 5억 불을 목표로 투자금액 모집에 들어가 총 22억 불의 투자 의향을 받아 목표 금액의 4배수를 초과하는 좋은 반응을 이끌어냈다. 시장 반응에 따라 당초 목표 금액에서 1억 불을 증액하여 최종 6억 불로 모집을 마감하였다.

* * *

금융에 가치를 부여한다는 것은 참으로 멋진 일이다. 앞으로 금융의 판단 기준은 수익률, 리스크, 가치의 3요소로 정의하게 될 것이다. 그리고 금융이 추구하는 가치는 새로운 규제와 그에 따른 새로운 금융질서를 낳을 것이다. 그렇게 된다면 금융의 새로운 요소인 가치를 적정하게 관리하는 금융기관만이 시장을 선도하고 생존할 수 있을 것이다.

2020년 코로나 바이러스 사태가 발발하고 기업 환경이 어려워지자 직원들을 부당하게 해고하거나 임금을 제대로 지불하지 않는 기업들이 속출하였다. 사회적 가치를 추구하는 투자자들은 투자대상이 되는 기업들이 사회적 가치를 실현하기는커녕 이렇게 반사회적 행위를 하고 있는지 면밀히 따져야 한다고 주의를 기울이기 시작했다. 투자를 유치하기 위해 사회적 가치를 표방했지만 극한상황이 오자 이를 이행하지 못한 기업들은 그 책임을 져야 하는 순간이 오고 있는 것이다.

'Social Washing(사회적 가치를 추구하는 척하는 행위)'은 ESG 투자자들의 점점 커지는 골칫거리가 되고 있다

ESG 투자자들은 코로나 바이러스 사태를 맞아 새로운 위협에 처하게 되었다. 그것은 Social Washing이다… (중략)

그동안 많은 ESG 펀드에서 기후변화에 대한 대응이 최우선 과제로 인식되어 왔지만 확산되는 (코로나 바이러스) 대유행으로 인하여 투자자들을 ESG 중에서 S(사회적 가치)에 투자자들이 보다 중점을 두고 기업들이 대유행 기간 동안 근로자들을 어떻게 대하는지 검토해야 한다.

출처: Bloomberg 뉴스(2020.4.10)

"증권결제 담당직원이 그만둔다고 합니다."

필자는 현지법인 대표에게 보고하면서 한숨을 쉬었다. 지금 연봉의 2배를 받고 유럽계 자산운용사로 간다는 직원을 잡을 방법이 없었다.

2년 전 홍콩 소형은행에서 현금출납을 담당하는 직원을 작은 연봉으로 뽑아서 증권결제 업무를 가르쳐 가며 일을 시켰는데, 이제 경력이 쌓이니 더 좋은 조건의 직장으로 이직하는 것이다. 한국계 은행에서 흔히 일어나는 일이다. 현지 직원을 뽑을 때 좋은 조건을 맞추어 주지 못하니 무경력자를 뽑아서 가르쳐서 쓸 수밖에 없는데 시간이 지나며 경력이 쌓인 현지 직원들은 더 좋은 직장을 찾아 떠난다. 잡Job 마켓이 발달한 홍콩에서는 당연한 일이었다.

"강도가 총 들고 다가오는데 노후한 차 유리창은 고장이 나서 창문을 올리지도 못하고 탈탈 털렸습니다. 제발 차량 교체하게 예산 좀 배정해 주세요."

해외 사업의 재무관리 팀장을 맡게 된 필자는 부임하자마자 브라질 법인장의 절박한 사정을 전화로 듣게 되었다. 그는 전임 팀장에게 차량 교체를 협의했더니 왜 유리창을 내리고 다니다가 털렸냐고 핀잔을 주는 바람에 예산 신청조차 하지 못했다며 간곡하게 부탁했다.

"제발, 브라질의 치안상황을 감안해 주세요. LG, 삼성은 경호원도 붙여 주는데 우리는 차량이라도 튼튼한 것으로 지원해 주셔야 되는 것 아닌가요?"

얼마 후 브라질 법인은 튼튼한 SUV 신차를 구입할 수 있었다.

▽ 2011년 3월, 서울과 도쿄

"큰일 났습니다. 지금 도쿄 지진이 발생해서 시내가 마비상태입니다."

도쿄지점 총무의 다급한 목소리가 전화 너머로 들렸다.
동일본 대지진으로 서울 본점도 초비상 상황이었다. 해외 재무를 담당하는 필자는 현장 지원 사항을 점검하고 있었다. 다행히 내점 고객과 직원의 인명피해는 없다고 전해졌지만, 지하철이 끊어지면서 직원들은 퇴근을 못하고 있었다.

"지금 택시 운행도 불가능할 테니 숙박비 예산을 지원해 드릴게요. 직원들이 동요하지 않게 신경 써 주시고요."

결국 직원들은 아수라장이 된 도쿄 시내에서 아무런 교통수단을 이용하지 못하고, 숙박도 하지 못한 채 대부분 10시간씩 걸어서 퇴근해야 했다. 인명 피해가 없었던 것이 천만다행이었다.

* * *

글로벌 사업을 하는 데는 많은 이벤트와 리스크를 겪어야 한다.

'가지 많은 나무에 바람 잘 날 없다.'

글로벌 네트워크를 가진 기관들에게 딱 어울리는 말이다. 그럼에도 한국의 거의 모든 금융기관들은 글로벌을 지향한다. 다음은 한국의 주요 금융그룹 수장의 2019년 신년사 중 일부이다.

"마지막으로, 이제는 글로벌 시장에 본격적으로 진출해야 합니다." (하나)

"넷째, 국내 M&A 및 글로벌 Biz 확대를 통해 핵심사업 영역을 지속적으로 확장Expansion of the territory해 나가야 합니다." (KB)

" 앞으로도 글로벌, GIB, WM, GMS 등 One Shinhan 매트릭스의 성과를 높이고 그룹 시너지를 더욱 발휘해야 하겠습니다." (신한)

"여섯 가지 경영전략을 전해 드리도록 하겠습니다…(중략)… 넷째, '글로벌 금융시장 제패'입니다." (우리)

"파트너십 기반의 그룹형 글로벌 진출을 가속화하여 농협금융 영토와 수익 기반을 넓히는 데 매진해 나갈 것입니다." (NH)

글로벌은 거의 모든 금융기관의 중요 과제가 되었다. 왜 이렇게 한국의 금융기관들은 글로벌을 외치는 것일까? 혹자는 이렇게 이야기한다.

"똑같이 돈을 벌어도 삼성전자는 국민들로부터 욕을 먹지 않지만 금융기관(특히 은행)은 국민들로부터 욕을 먹는다. 한국 금융기관의 이익의 대부분이 국내에서 발생하다 보니 금융기관은 국민들의 피를 빨아서 이익을 챙기고 있다는 인식을 갖게 한다."

"따라서 금융기관들은 해외에서 발생하는 이익을 최대한 확대하기 위해 글로벌 시장을 개척해야 한다."

이러한 의견은 묘하게 설득력이 있어 보이고, 대한민국에서 금융업(특히 은행)을 바라보는 시각의 단면을 보여 주지만, 본질을 설명하기에는 부족해 보인다.

사실 기업의 입장에서 글로벌 비즈니스가 특별한 것은 없다. 국내이든 해외이든 하나의 시장일 뿐이다. 과거 세계시장을 주름 잡았던 한국의 종합상사들에게 글로벌 비즈니스는 이슈가 아니라 본질 그 자체였다. 그런데 왜 금융기관에게는 하나의 테마가 되어 이토록 회자되고 있는 것일까?

그 대답을 하기에 앞서 한국의 금융기관이 지금까지는 글로벌화되어 있지 않았던 이유를 먼저 살펴봐야 한다. 거기엔 두 가지 이유가 있다고 본다.

첫째, 글로벌화하지 않아도 한국의 금융기관들은 먹고 살 만했다. 1970~80년대 고도성장기를 거치는 과정에서 만성적 자금 초과수요를 바탕으로 금융은 풍부한 국내 시장을 향유할 수 있었고, 90년대 이후 축적된 산업자본이 부동산시장, 주식시장으로 확산되면서 금융은 또다시 넉넉한 시장을 즐길 수 있었다. 여기에 외부 요인에 의한 것이긴 하나, 1997년 외환위기 이후 금융규제당국의 대폭적인 금융기관 통폐합은 금융서비스의 수급을 일거에 변화시켰다. 또한 단계적인 금융시장 개방과 선진화는 국내 금융사들에게 피해를 주기보다는 금융의 판을 키우는 역할을 했다.

1997년 외환위기 이후 금융기관 통폐합

정부는 1998년 4월 14일 IMF 등과의 합의를 거친 경제개혁 프로그램을 구체화한 「금융·기업 구조개혁 촉진 방안」을 발표하고 동 방안에 따라 금융기관 구조조정을 본격적으로 추진하였다. 이 조치로 인하여 은행은 33개에서 16개로 비은행은 2,070개에서 900개로 대폭 감소되었다.

참조: 노철우, 「외환위기 이후 국제금융법이 국내 사회에 미친 영향: 금융기관 구조조정을 중심으로」,
「서울 국제법 연구」 제14권 제2호, 서울국제법연구원(2007.12.31).

지내고 보니 그때가 호시절이라고, 필자가 은행에 몸담았던 80년대 후반부터 약 30년간은 국내 금융기관들에게는 일부 수난기를 제외한다면 그야말로 호시절이었다. 물론 이 기간 동안에도 일부 글로벌 비즈니스에 관심을 가지고 글로벌시장 개척에 노력을 기울였던 금융기관들이 있었지만, 각 기관의 명운을 좌우할 중대한 사업은 아니었다. 각 기관의 총수익에서 글로벌 비즈니스가 차지하는 비중이 크지 않았기 때문이다. 좀 심하게 표현하면 글로벌 비즈니스는 수출입은행과 같이 특수한 역할을 수행하는 금융기관을 제외한다면 금융기관들에게는 잠깐 예쁘게 보이는 눈 화장 정도의 역할이었다.

둘째, 금융 글로벌화를 위한 전제 조건이 엄연히 존재하기 때문이다. 글로벌 금융비즈니스의 요건이라고 할 수 있는 것은 외화 유동성(특히 달러 유동성), 커뮤니케이션(영어), 오랜 역사에서 나오는 국제적 브랜드 신뢰도, 다국적 조직 마인드 등등을 들 수 있는데, 이것은 한국 금융기관들에는 없거나 부족한 것들이고 하루아침에 만들어질 수 없는 것이다. 물론 이런 결핍이 한국 금융기관에만 해당되는 것은 아니다. 날고 기는 국제적인 기관들도 글로벌화에 목을 매다 이러한 결핍이 원인이 되어 어려움을 겪었다. 일본의 상징인 노무라 증권도 그토록 열망하던 글로벌 IB그룹의 꿈을 이루기 위해 2008년 파산한 미국의 증권사 리먼 브라더스Lehman Brothers를 인수했지만, 아직도 힘든 시간을 보내면서 글로벌 증권사의 비전을 계속 추구할지를 고민하고 있다.

노무라의 고민

노무라는 지금 (미국에서 경쟁력 있는 증권사가 되는) 야망에서 공개적으로 퇴각하고 있으며, 나가이 노무라 대표는 글로벌에 초점을 맞출 것인지 아시아에 집중할 것인지를 결정하는 무거운 짐을 지게 되었다고 분석가들은 말한다.

출처: Leo Lewis, *"Nomura reports first full-year loss in a decade"*, Financial Times (2019.4.25).

독일의 대표은행 도이치뱅크Deutsch Bank의 사례는 훨씬 심각하다. 진정한 글로벌 강자를 꿈꾸며 1998년 미국의 뱅커스트러스트Bankers Trust

Corporation를 인수하여 IB사업을 확대시켰지만, 부진을 면하지 못하고 은행 자체의 존망이 의심스러운 지경에 이르고 있다.

도이치뱅크의 인수 딜에 대한 평가

(20년 전, 1998년) 이 독일 은행은 뱅커스트러스트를 인수하는 데 101억 달러(약 12조 원)를 지불하였는데, 이것은 역사상 최대 규모의 외국인에 의한 미국은행 인수로 UBS와 씨티그룹을 뛰어넘어 자산기준 세계 최대은행을 탄생시켰다. 도이치뱅크는 뱅커스트러스트 직원들을 붙잡기 위해 (인건비로) 4억 달러를 약속했으며 어떤 직원은 천만 달러(약 120억 원)를 받는 경우도 있었다…(중략)… 독일의 금융방식으로 볼 수 있는 인내와 신중함과 같은 수준 높은 가치는 무시된 것이다.

출처: Tom Braithwaite,
"Deutsche Bank — 20 years after the deal that sealed its fate", Financial Times (2019.4.25).

결국 한국 금융기관이 지금까지 글로벌화되지 못했던 이유는 그럴 필요가 없었고, 그럴 만한 능력이 안 되었기 때문이다. 그런데 지금은 어떠한가?

첫째 이유인 먹고살 만한 시장 환경은 과연 지속될 것인가? 답은 그렇지 않다. 한국의 거의 모든 산업은 성숙기에 접어들어 투자의 수요는 성장하지 않거나 위축되고 있고, 그나마 성장을 이끌 수 있는 4차 산업혁명이라는 것은 플랫폼을 기반으로 기존의 금융서비스를 대체하면서 기존 금융기관의 파이를 속속들이 잠식하고 있다. 인구 감소

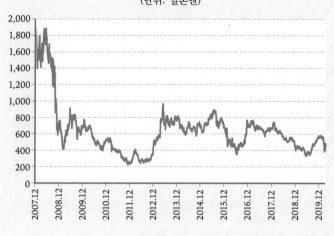

노무라 증권 주가
(단위: 일본엔)

데이터 출처: Bloomberg

도이치뱅크 주가
(단위: 유로)

데이터 출처: Bloomberg

와 함께 저성장, 저금리가 고착화하면서 금융기관이 누릴 수 있는 마진은 갈수록 얇아지고 있다. 한마디로 상황이 근본적으로 바뀐 것이다. 더 이상 국내 비즈니스만으로는 금융기관이 먹고살 수가 없는 환경이 되어 가고 있다. 한국의 금융기관도 생존을 위해 글로벌 비즈니스를 해야 하는 상황에 직면한 것이다.

두 번째, 한국의 금융기관들이 글로벌 비즈니스의 요건을 갖추었는가? 답은 그렇지 않다. 지금뿐만 아니라 앞으로도 당분간 갖추기 힘든 요건들이 많다. 한국이 미국과 같은 기축통화국이 되기는 불가능한 일이고, 금융기관 종사자들의 영어 소통능력이 어느 날 갑자기 좋아질 수도 없는 일이다. 국제적 브랜드 신뢰도와 글로벌 조직 마인드 역시 엄청난 시간이 필요한 요건이다.

결론적으로 한국의 금융기관은 글로벌 시장으로 나갈 수밖에 없는 상황이고, 따라서 글로벌 비즈니스를 준비해야 한다. 이 점이 모든 금융기관 수장으로 하여금 글로벌을 외치게 만든 것이다. 그러나 글로벌 비즈니스를 제대로 할 수 있는 여건은 아직 미비하다는 문제가 남아 있다. 그렇다면 어떻게 해야 하나? 필자의 답은 이렇다.

'우리에게 맞는 글로벌화를 추구해야 한다.'

한국 기업이 대형 항공산업시장에 도전장을 낸다면 어떻게 될까? 보잉, 에어버스와 경쟁하겠다는 포부는 가상하겠지만 고도의 기술축적과 신뢰도를 필요로 하는 대형항공기 시장의 호응을 받기는 어려운 도전이다. 그러나 소형정찰기나 교육용 연습기 시장에 적정한 가격과 기술로 도전한다면 충분히 해볼 만한 일이다. 금융의 글로벌 비즈니스도 마찬가지이다.

'지나치게 큰 그림과 조급한 마음을 버리면 된다.'

'그리고 지금 우리에게 필요한 것을 발견하는 데서 출발해야 한다.'

당시의 최고경영진과 주주들은 그럴 만한 이유와 자신감이 있었겠지만, 1998년 독일의 도이치뱅크와 2008년 일본의 노무라는 지나치게 큰 그림과 조급한 마음을 가졌던 것이 아닐까? 물론 우리가 글로벌화라고 하면 지역별 물리적인 거점을 마련하고 사람을 보내서 영업을 개시하는 것을 떠올린다. 당연히 궁극적으로 물리적 거점이 필요한 상황이 오겠지만 글로벌화는 그 이전에 시작되어야 한다. 즉 금융기관들은 이미 하고 있는 일에서 글로벌 관련 수요가 무엇인지 찾아보는 것이 우선이다.

"지금 거래하고 있는 국내 고객들의 글로벌 니즈가 무엇인지?
(out bound needs)"

"해외 고객들의 한국 비즈니스에 따르는 금융수요가 무엇인지?
(in bound needs)"

"해외에서도 통할 수 있는 상대적으로 강점을 가진 역량이나 상품은 무엇인지? (specialty)"

이러한 탐색 끝에 찾아낸 개별적인 비즈니스를 우선적으로 시도하면서 필요한 물리적인 네트워크를 구축하는 것이다. 물론 해외에 네트워크를 구축하는 것이 적어도 5년, 길게는 10년 가까운 시간이 필요한 작업이기 때문에 현실적으로는 네트워크 구축은 어느 정도 선행적일 수밖에 없지만, 어떤 비즈니스를 할 것인가라는 본질이 뒷받침되어야 한다. 실제로 한국 금융기관들의 글로벌 비즈니스가 진행되었던 요인을 형태별로 살펴보고 현실성 있는 비즈니스의 사례를 언급하고자 한다.

첫째, 해외 진출한 개인이나 기업에 대한 금융지원이다. 한국 금융기관들이 글로벌 비즈니스를 시작하는 계기가 된 경우이다. 그리고 지금도 한국 금융기관(특히 은행) 해외 네트워크 수익의 가장 큰 비중을 차지하는 비즈니스이다. 예컨대 재일교포를 타깃으로 일본 도쿄에 은행지점을 열거나, 현대자동차가 공장을 짓는 인도 첸나이에 은행지점을 여는 것이다. 혹자는 해외에서 한국 기업을 지원하는 것은 장소만 해외일 뿐 진정한 글로벌 비즈니스라 할 수 없다며 이 비즈니스를 폄하하기도 한다. 그러나 이것처럼 명확한 고객과 그 고객의 글로벌 니즈(이 경우 out bound needs)를 기반으로 이루어지는 글로벌 비즈니스는 없다. 사실 최근에는 한국 금융기관들이 이 시장마저도 지키기 힘들어지고 있다. 한국 대기업들이 위상이 높아지면서 점차 글로벌 뱅크와 거래를 확대하고 있기 때문이다.

둘째, 국내 시장의 레드오션화로 인해 새로운 시장을 개척해야 하는 경우이다. 국내 투자수요가 급격히 감소하고 금리가 저금리 기조에 접어들면서 한국보다 성장률이 높고 자본의 한계효율이 높은 매력적인 지역으로 진출해야 하는 것이다. 전형적인 예로 베트남을 들 수 있다. 베트남의 경우 이미 한국계 금융기관들이 대거 진출하여 과열 조짐까지

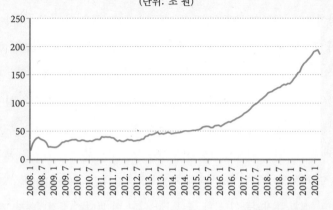

해외 투자펀드 순자산 규모 추이

(단위: 조 원)

데이터 출처: 금융투자협회

나타나고 있다. 2019년 6월 말 기준 국내 금융사의 국가별 해외 점포 현황을 보면 중국(59개), 베트남(54개), 미국(53개), 홍콩(30개) 순이 다("금융감독원"(보도자료),「국내 금융회사의 해외 진출 동향」, http://www.fss.or.kr, 2019.8.29).

사실 베트남의 경우는 현지에 대거 진출한 한국 기업들을 기반으로 한 영업이 주요한 부분을 차지하기 때문에 앞서 언급한 첫 번째 형태 의 글로벌 진출이라고 볼 수도 있다. 또한 금융자본의 축적에 따른 중 요한 트렌드는 자산운용의 글로벌화이다. 연기금, 보험사 등의 운용 자산이 급격히 증가하면서 국내 시장에서만 자산을 운용할 수 없게 되 면서 해외 투자자산은 최근 십 년간 급격히 증가하였다. 자산운용에서 국내 고객의 글로벌 니즈(이 경우 out bound needs)는 명확하다(해외 투자 의 경우 환전, 운용, 수탁 등 다양한 글로벌 비즈니스가 발생하며 글로벌 금 융사가 주도하는 시장에서 점차 국내 금융기관들의 역할이 커지고 있다).

셋째, 해외 고객의 국내 시장 진출을 지원하는 비즈니스이다. 이것은 in bound needs라 할 수 있는데 지금까지 글로벌 금융기관들의 시장이었다. 글로벌 금융기관들이 자국의 기업고객을 지원하는 시장이기 때문에 국내 금융기관들은 접근하기 어려웠다. 예컨대 BMW의 한국 내 금융수요를 도이치뱅크가 지원하는 것이다. 외국 기업과 금융기관의 오래된 거래관계를 한국 금융기관이 파고드는 것은 어려운 일이다. 그러나 한국 금융기관이 가격경쟁력이 있는 상품(원 · 달러 거래 등)을 제시하거나, 한국 진출을 시작하는 작은 규모의 외국 기업을 공략하면 가능성이 있다. 또한 국내 자산시장(채권시장, 부동산시장)에 투자하는 해외 투자자들이 점차 늘어나고 있고 이에 따른 환전, 헤지, 수탁시장도 성장하고 있다. 이것은 매우 유망한 글로벌 비즈니스이고 한국에서 거래가 시작되기 때문에 한국 금융기관이 강점이 있는 분야이다. 국내 금융기관의 해외 네트워크는 이러한 기업 · 투자자를 발굴하는 전초기지가 되어야 한다(필자도 은행에 있을 때 해외 네트워크와 협조하여 해외 고객 개발에 주력하였고 조금씩 성과가 쌓이는 것을 경험하였다).

글로벌 비즈니스는 한국 사람들에게는 무척 매력적인 용어이다. 같은 비즈니스라도 글로벌 시장에서 한 것이면 무언가 좀 더 인정해 줄 뿐만 아니라 보다 넓은 시장, 보다 치열한 경쟁을 하는 비즈니스라는 인식 때문일 것이다. 그리고 국내 저금리 상황 때문에 한국 금융기관의 글로벌 비즈니스는 피할 수 없는 과제가 되었다.

이런 상황에서 금융기관 CEO는 글로벌을 외칠 수밖에 없다. 그리고 무엇이든 가시적이고 빠른 성과를 보여 주어야 주주, 금융감독당국, 언론 등으로부터 좋은 평가를 받는다. 그러나 글로벌 비즈니스의 문제는 시간이 많이 걸린다는 것이다. 해외 감독당국으로부터 라이선스 취득, 국가 간 서로 다른 환경을 연결하는 시스템 구축, 현지 업무를 수행할 직원의 선발과 유지, 현지 고객 기반 구축 등등 어느 것 하나도 신속하게 하기 어려운 것들이다. 이런 조급한 마음은 실패를 부르는 전주곡이 된다. 1998년 뱅커스트러스트의 기존 인력을 붙잡기 위해 엄청난 보상을 제시했던 도이치뱅크의 선택은 당시에는 불가피한 것일 수도 있지만 빠른 시간 내에 글로벌 강자가 되고자 하는 조급함이 있었던 것은 아니었을까?

앞으로 국내 금융기관의 성패는 누가 정확한 타깃을 설정하고 꾸준히 글로벌 비즈니스 기반을 구축하느냐가 결정할 것이다. 그리고 그 긴 과정(성급한 결과가 아닌)을 평가해 줄 수 있는 주주, 감독당국, 언론의 인내심이 필요하다. 그 인내심이 없다면 글로벌 금융 비즈니스는 수익성 있는 사업이 아닌, 세간의 이목을 끄는 한순간의 기사거리에 지나지 않을 것이다.

* * *

2020년 코로나 바이러스 사태는 글로벌 비즈니스에 물리적인 타격을 가하면서 심각한 시련을 가져다주고 있다. 그러나 이러한 상황이 글로벌 비즈니스의 확대를 추진하고 있는 금융기관에 기회를 줄 수 있다는 생각을 버리면 안 된다. 중요한 건 기회에 대한 올바른 선택이다. 2008년 글로벌 금융위기를 도약의 기회로 삼고자 했던 노무라의 생각이 틀렸다고 할 수 없으나 접근방법은 결과적으로 바람직하지 못하였다.

금융의 삼성전자

　한국의 금융기관의 글로벌 도전 사례 중 가장 대표적인 것은 2009년도 삼성증권 홍콩 법인의 사례라고 필자는 생각한다. 당시 삼성증권 홍콩 법인은 금융인들과 언론으로부터 많은 관심을 받았다. '금융의 삼성전자'라는 한국 금융의 영원한 과제를 완성해 줄 것이라는 기대는 '삼성'이라는 타이틀이 오버랩되면서 한껏 충만해 있었다.

　이 사례의 중요성은 기존의 사례와 비교해서 가장 높은 목표를 가지고 현지화에 가장 충실하게 접근했다는 점이다. 그러나 결과적으로 이 사례는 성공하지 못한 글로벌 진출이 되고 말았다. 필자는 한 기업의 성과를 평가하고 싶은 생각은 없다. 다만 이 사례를 통해 한국 금융이 배울 점이 분명히 있다는 것을 강조하고 싶다. 삼성증권의 사례는 단순히 한 기업의 성패에 대한 기록이 아니다. 한국의 금융인들이 기억해야 하는 중요한 역사적 자산이다.

　삼성증권 홍콩 법인은 글로벌 비즈니스의 교과서적인 접근 방식을 보여 주었다. 적정한 규모의 자본금, 검증된 글로벌 인력 자원, 본사 및 모기업의 관심과 의지 등 부족함이 없어 보였다. 그런데 이러한 접근의 출발점이 되는 핵심, 즉 타깃 시장이 잘못 설정된 것이다. 삼성증권 홍콩 법인의 타깃시장은 중국을 중심으로 하는 아시아 자본시장이었다. 그러나 자본시장의 배후에 있는 요인들, 즉 기업금융의 복잡한 네트워크, 금융감독당국과의 신뢰관계, 그리고 금융브랜드에 대한 신뢰도 등은 하루아침에 얻을 수 있는 것이 아니었다. 그리고 국제금융시장을 움직일 수 있는 충분한 달러 유동성을 보유한 것도 아니었다. 삼성증권 홍콩 법인은 처음부터 아주 짧은 시간 내에 점보기를 만들어 보겠다고 출사표를 던진 비행기 제작 회사였다. 그리고 그렇게 해서 만든 점보기가 팔리지 않자 사업을 접은 것이다.

　하지만 홍콩 법인으로 인해 삼성증권 본사의 흥망이 좌우될 정도의 타격은 없었다. 다른 한국 금융사의 대규모 해외 투자 사례도 그렇다. 아직은 글로벌 비즈니스가 기업의 전사적인 운명을 좌우할 만큼 비중이 크지 않기 때문이다. 그러나 향후 금융사들의 글로벌 비중이 높아질 경우 글로벌의 성패는 독일의 도이치뱅크처럼 금융사에게 중대한 결과를 초래할 것이다.

삼성증권 홍콩 법인이 어떠한 과정을 거쳤는지 당시 기사를 통해 정리하면 아래와 같다.

"삼성증권 국내 최강 아시아 대표 IB 도약 시동"   —2009년 1월 26일 뉴스핌

박준현 사장은 …(중략)… "홍콩에 한국 최초 종합 증권사를 설립하고 글로벌 IB와 정면승부를 통해 국제경쟁력을 확보 및 자본 시장 글로벌화를 이끌겠다는 의지"라고 설명했다.

"이 기회에 글로벌 투자은행 도약"부푼 꿈   —2009년 1월 29일 세계일보

삼성증권은 올해 홍콩 현지법인 자본금을 현재 100만 달러에서 1억 100만 달러로 대폭 늘리고 인력도 확충할 계획이다. 외국계 글로벌 IB에서 근무한 경험이 있는 고급 인력도 대거 스카우트해 홍콩을 IB거점으로 육성하겠다는 방침이다.

"금융의 삼성전자 되겠다"삼성증권 홍콩 출사표   —2009년 8월 18일 머니투데이

삼성증권은 18일 홍콩 현지 IB사업을 위한 'Samsung Securities Asia Ltd'를 새롭게 오픈하고 본격적인 활동에 들어간다. 홍콩 현지에 전반적인 IB를 위한 대규모 전담 조직을 출범시킨 것은 증권 업계는 물론 금융권 전체에서도 삼성증권이 처음이다. …(중략)… 리서치 센터장에 도이치뱅크 출신의 콜린 브래드버리 이사를 비롯해 크레디트스위스와 도이치뱅크에서 각각 헤지펀드와 주식영업을 담당한 조지 티오 이사를 법인 영업책임자로 선임했고, 맥쿼리 증권과 누보 인베스트먼트 그룹에서 기업금융을 담당한 폴 총 이사와 모건 스탠리와 센토러스 캐피탈에서 운용을 담당한 윌리 홍 이사 등을

기업금융과 직접운용 사업부문 책임자로 영입했다. …(중략)… 2020년 글로벌 10위권의 투자은행으로 올라선다는 전략을 세웠다.

증권가, 연일 삼성증권에 쓴소리   —2010년 5월 13일 헤럴드경제

대우증권 정길영 연구원은 특히 "지난해 말부터 확대되고 있는 홍콩 현지 법인의 지분법 손실도 관찰 대상이라고 덧붙였다.

해외 진출 한국 금융 잇단 고배, 왜?   —2011년 12월 13일 매일경제

삼성증권 홍콩 법인은 최근 1년 반 사이에 718억 원의 적자를 냈다…(중략)… 삼성증권 대표이사가 최근 교체된 배경에는 홍콩 법인의 실적 부진이 작용한 것으로 알려졌다…(중략)… 리서치 브로커리지 IB 등 분야에서 인력을 대거 스카우트했다. 현 직원 수는 130명에 달한다…(중략)… 인건비 부담은 커진 반면 수익이 뒷받침되지 못하면서 홍콩 법인의 지난해 회계연도 적자(2010년 4월~2011년 3월)는 440억 원에 달했다.

삼성증권 홍콩 법인, IPO 스폰서 활동 중단   —2012년 2월 28일 더벨

홍콩 법인이 구조조정의 여파로 홍콩 현지에서 기업공개IPO 대표 주관업무를 수행할 수 없게 되었다.

삼성증권 홍콩 법인을 보는 외국인의 눈   —2012년 12월 3일 조선비즈

"1~2년 만에 어떻게 결과를 내놓을 수 있나요? 그것도 금융이라는 분야에서 말이죠." 최근 만난 외국계 금융사 CEO는 의아한 듯 재차 물었다. 삼성증권의 사실상 홍콩 철수를 두고 하는 말이다…(중략)… "제가 아는 금융 비즈니스의 상식은 짧게는 10년, 길게는 20년 이상 투자해야 성과가 나온다는 것입니다. 삼성증권이 상황판단을 종료하는 데 걸린 시간은 너무 짧았어요." 외국인 CEO는 한국의 빨리빨리 문화와 관련된 것이 아닐까 나름대로 분석도 해 봤다고 했다.

삼성, 전자는 되는데 증권은 왜 안 될까? —2012년 3월 12일 매일경제

골드만삭스나 CScredit Suisse 등 글로벌 증권사도 처음에는 다 힘들었다. 하지만 꾸준히 투자하고 배워 십수 년 지난 뒤 중국에 안착했다…(중략)… CS와 삼성증권의 차이는 이런 것이다. '우보천리牛步千里'의 자세가 없는 한 국내 증권사의 글로벌화는 쉽지 않아 보인다.

〈박종면 칼럼〉 '금융의 삼성전자' 는 없다 —2013년 12월 16일 머니투데이

이(건희) 회장은 사장단 회의를 통해 기회 있을 때마다 "금융에는 왜 삼성전자 같은 글로벌 1 등 기업이 나오지 않느냐"고 독려한다…(중략)… 결론부터 말하자면 금융의 삼성전자는 불가능하다는 것이고 '금융의 삼성전자' 는 없다는 것이다. 금융은 규제산업이고 슬로Slow 비즈니스다. 금융은 또 네트워크 비즈니스다. 게다가 원화는 달러처럼 기축통화도 아니다. 언어문제도 생각보다는 간단치 않다. 한국 금융사는 죽었다 깨어나도 삼성전자와 같은 세계 일류 글로벌 기업이 될 수 없다. …(중략)… 국제금융시장은 미국이나 유럽계 투자은행들이 주무르는 그들만의 리그이다. 여기에 국내 금융사들이 파고들어 갈 여지는 없다.

"한 번 만나 보시겠습니까?"

그 말에 필자는 귀가 번쩍 띄었다.

"미국 명문 사립대 MBA 출신으로 미국계 IT회사에 오래 근무하고
지금 싱가포르에서 ICO 프로젝트를 추진 중인 사람인데 만나 보시
죠."

IT 업계에 종사 중인 지인의 주선으로 필자는 디지털 혁명의 최전
선에서 뛰고 있는 '선수'를 만날 수 있었다. 금융업, 아니 사회 전반적
으로 일어나고 있는 디지털 혁명의 물결 속에서 필자의 소관인 은행
자금 업무의 디지털 비즈니스를 추진할 수 있는 아이디어를 얻을 수
있을 것 같았다.

을지로 KEB하나은행 딜링룸 접견실은 2018년 7월의 밝은 햇살로
가득했다. 두꺼운 뿔테 안경에 다부진 체구의 세련된 양복을 입은 사
람이 자신감 있는 표정으로 들어왔다.

"지금 홍콩에서 설명회를 끝냈고 투자자들의 반응이 매우 좋아서

ICO Initial Coin Offering
기업의 필요 자금을 가상화폐로 조달하는 행위. IPO(Initial Public Offering)에 대비되
어 가상화폐로 자본금을 확충하는 행위로 표현되나 관련 규제가 없고 투자자 입장에는 그
만큼 리스크가 높은 투자이다. 한국에서는 금지되어 있다.

곧 목표 금액을 채워서 조달에 성공할 것 같습니다."

선수의 설명에는 거칠 것이 없었다. 필자는 자신감 넘치는 선수에게 기본적인 질문을 했다.

필자: "잘 들었습니다. 그런데 조달한 자금으로 운영하는 사업은
　　　어떤 것입니까?"

선수: "중국에서 자산운용을 하는 회사에 투자됩니다."

필자: "아! 그래요. 그렇다면 자산운용사네요! 그럼 그 운용사는 어떤
　　　시장을 대상으로 하고 어떤 상품에 강점이 있는 운용사인가요?"

필자는 추가적인 질문을 하였다.

선수: "그 회사 운용자는 중국 유명대학 박사 출신으로 매우 유능한
　　　사람이기 때문에 알아서 잘할 겁니다."

그 대답에 필자는 돌아가던 톱니바퀴가 어긋나는 것 같은 불편함이 느껴졌지만 표정관리를 하고 다시 질문했다.

필자: "ICO를 하면 조달 쪽에 가상화폐가 올라올 텐데, 회사의 재
　　　무관리에서 가상화폐 가격의 변동에 따른 리스크는 어떻게 관
　　　리하나요?"

선수의 침묵이 이어졌다. 이후 대화는 잘 진행되지 않았다. 손님을 보내고 필자는 혼란스러웠다. 아무리 생각해도 필자가 경험한 ICO 과정은 IPO에서 당연시되는 면밀한 기업검증과는 거리가 먼 것 같았기

때문이다. 그런데 면담 후 후문으로 들은 바에 의하면, 이 ICO 프로젝트를 위해 한국, 홍콩, 중국 등지에서 상당수의 투자자를 모집했었지만 목표 금액을 채우지 못해서 성공하지 못했다 한다. 그리고 몇 달후 한 모임에서 가상화폐 분야를 대학에서 강의하는 선배를 만났다.

"요즘 많이 바쁘시지요?"

필자의 인사에 선배는 웃으며 말했다.

"요즘 가상화폐에 관심들이 많아서 기업체 직원, 학생, 관련 공무원, 일반인까지 특강을 들으려고 줄을 서고 있지."

그래서 필자는 선배에게 질문했다.

"그런데 가상화폐에 관심을 가지고 강의를 들으려고 하는 사람들이 가상화폐의 어떤 측면에 중점을 두고 배우려고 하나요?"

필자가 질문한 의도는 가상화폐의 기반기술인 블록체인 기술에 사람들의 관심이 있는지, 투자대상으로서 관심이 있는지, 아니면 다른 측면에 관심이 있는지 하는 것이었다.

"솔직히 말해서 지금은 투자대상으로서의 관심이 대부분이야. 비트코인으로 돈 버는 것에 관심이 집중되어 있다는 말이지."

* * *

　가상화폐가 대중에게 알려지고 비트코인 등 대표적 가상화폐의 가격이 상승세를 보이던 2017년부터 필자는 가상화폐의 존재를 무시할 수 없다는 생각에 금융기관이 할 수 있는 비즈니스를 찾아보고자 했다. 같이 일하는 직원들과 함께 수많은 자료와 전문가들의 조언을 모았지만, 손에 잡히는 비즈니스 아이디어는 향후 결제시장이 블록체인 방식으로 갔을 때의 시나리오 정도였다.

　그래서 필자는 가상화폐 분야에서 실제로 뛰고 있는 사람들을 만나보려고 노력을 기울였다. 그러나 관련 인사들을 만날 때마다 느꼈던 것은 사람들이 가상화폐의 본질적인 가치에 관심을 가지기보다는 가격 변동이 큰 투자(투기) 수단으로 관심을 집중하고 있다는 것이다.

　ICO의 경우, 투자자 입장에서 보면 가상화폐의 가치와 투자대상 기업의 가치를 동시에 향유할 수 있는 우수한 투자수단이라고 생각할 수 있다. 그러나 필자의 경험을 통해 느낀 것은 사람들이 가상화폐라는 화려한 포장지로 싼 박스를 내용은 보지도 않고 산다는 것이었다. 마치 벤처 투자붐이 일어났던 2000년대 초에 투자자금을 끌어모으거나 주가를 올리기 위해 회사의 이름을 "××××기술", "××××테크" 등으로 개명했던 것과 유사한 행태라고 본다면 필자의 지나친 기우일까? 현 상황에서는 가상화폐가 혁신적인 본질보다는 높은 변동성에 따른 고수익 자산으로만 투자자들에게 어필하고 있다는 생각이 들었다.

　필자의 경험처럼 지금 가상화폐에 대해 금융인들이 갖는 속마음은 솔직히 매우 복잡하다. 무언가 거대한 변화가 오고 새로운 시대가 열리는 듯한데 앞으로 어디로 갈지 알 수가 없는 것. 그래서 본격적으로 투자를 하기에는 불확실한 것. 아직은 수익이 눈에 보이지 않아 본격적으로 비즈니스를 벌이기 어렵지만, 지금 무언가 준비하지 않으면 경쟁자들에게 뒤처질 것 같은 그런 것. 그런 애매모호하고도 혼란스러운 과제이다(필자가 금융인을 대표하는 것은 아니기에 반론이 있을 수 있음을 충분히 인정한다).

혹자는 필자의 이런 언급에 대해 매우 나태하고 수구적이라고 폄하할 수 있다. 그러나 필자를 포함한 금융인들이 생각하는 가상화폐에 대한 인식은 기존의 금융시스템을 염두에 두고 있다. 금융기관은 스타트업 업체가 아니다. 수많은 고객과 국가의 금융질서를 지켜야 하는 책무를 염두에 두고 새로운 기술을 판단해야 하기에 금융인들이 신기술에 대해 느끼는 바는 스타트업 업체 종사자와는 분명히 다르다.

2018년 이후 가상화폐의 가격이 급등락을 보이면서, 가상화폐에 대해 각 집단의 반응은 그야말로 천지 차이이고 혼란스럽다. 2018년 초 비트코인의 가격이 급락하자 법무부 장관은 가상화폐 거래소를 아예 폐쇄하겠다고 선언했고, 여론의 뭇매를 맞자 다른 부처에서 폐쇄 방침을 긴급히 부인하며 사태를 수습했던 해프닝은 가상화폐에 대한 시각 차이를 보여 주는 전형적인 사례이다.

가상화폐에 대한 시각 차이

　박상기 법무부 장관은 11일 최근 사회적 관심과 논란의 대상이 된 가사화폐 문제와 관련해 "가상화폐 거래소 폐쇄까지도 고려하고 있다"는 강경한 입장을 밝혔다.

연합뉴스(2018.1.11)

　최흥식 금융감독원장이 20일 가상화폐와 관련 "정상적인 거래가 이뤄질 수 있도록 돕겠다"고 말했다. 이는 가상화폐를 사실상 투기 수단으로 보고 강경규제책을 쏟아내던 그동안의 정부의 입장과는 결이 다른 것이어서 주목된다.

한국일보(2018.2.20)

　해외에서는 더 혼란스럽다. 미국 제이피모건 은행의 CEO 제이미 다이먼Jamie Dimon은 2017년 9월 비트코인은 사기이고 돈세탁을 필요로 하는 불법적인 세력들만이 필요에 의해 투자할 것이라고 맹렬히 비난했으나, 불과 몇 달 후인 2018년 1월 자신의 발언을 후회한다고 공식적으로 발언했다. 투자의 전설인 조지 소로스는 2018년 1월 가상화폐는 전형적인 거품이라고 단언하였지만, 불과 3달 후 정작 소로스 펀드는 가상화폐 투자를 준비하고 있다는 뉴스가 흘러나왔다.

　가상화폐에 있어서 가장 충격적인 뉴스는 리브라Libra이다. 리브라는 미국의 소셜 네트워크 회사인 페이스북이 전 세계 가입자 27억 명을 바탕으로 자체적인 결제시스템을 구축하겠다고 2019년 6월 발표한 가상화폐 프로젝트이다. 리브라 프로젝트의 가장 중요한 특징은 가상화폐의 가치가 실제 자산으로 담보된다는 것이다(믿을 만한 국가가 발행한 유동성 좋은 단기 국채 중심으로 매입하여 가상화폐의 가치를 유지― 리브라 홈페이지 https://libra.org/ 참조).

이러한 리브라의 구조는 기존 가상화폐의 문제점인 실체적 가치의 부재를 말끔히 해결하는 것이다. 그런 점에서 리브라는 지금까지 나온 가상화폐 중에서 적어도 이론적으로는 가장 우수한 것으로 평가된다. 그러나 이 프로젝트가 발표되자 미국의 금융감독당국은 강력한 경고를 보내고 프로젝트를 중단할 것을 촉구했다.

파월의 리브라에 대한 경고

미 연준 의장 파월은 프로젝트에 대한 심각한 우려를 해결하지 않을 시 페이스북의 리브라 프로젝트는 더 이상 진전이 있어서는 안 된다고 수요일 (2019.7.10)에 말했다. "리브라는 정보 보호, 자금 세탁, 소비자 보호, 금융 안정에 관해 심각한 우려를 제기하였다"라고 미국 하원 금융서비스 위원회 에서 파월은 증언하였다.

출처: Matthew Rocco, *"Jay Powell says Facebook's Libra 'raises serious concerns'"*, Financial Times (2019.7.11).

왜 이렇게 가상화폐에 대한 의견이 분분하고 혼란스러운 것일까?

그 이유는 가상화폐에 대해 논하는 사람들이 마치 장님이 코끼리를 만지는 것처럼 가상화폐가 가지고 있는 어느 한 면만을 이야기하기 때문이다. 가상화폐가 옳다 그르다, 투자할 가치가 있다 없다, 규제를 해야 한다, 아니다 하는 논쟁은 어느 한 면만 보고 판단하기 어려운 것

비트코인 가격 추이
(단위: 달러)

데이터 출처: Bloomberg

이다. 필자가 생각하는 가상화폐가 가지고 있는 의미는 다음과 같다.

첫째, 기술적 혁신성 측면(가상화폐의 기반을 제공하는 블록체인 기술).

둘째, 투자자산으로서의 측면.

셋째, 결제시스템으로서의 측면.

첫째, 가상화폐의 기반인 블록체인 기술은 이론의 여지 없이 필요하고 중요한 것이다. 따라서 이 기술을 사용할 수 있는 분야를 찾고 개발해야 한다. 특히 금융 분야에서는 더욱 의미가 있는 기술이다. 왜냐하면 다음에 언급할 결제시스템의 기반이 되는 기술이기 때문이다.

둘째, 투자자산으로서의 가상화폐는 그 실체적 가치의 부재로 많은 문제점을 보인다. 비트코인의 극심한 변동성이 그것을 입증한다. 물론 비트코인의 실체적 가치에 대해서는 여러 의견이 있다. 예컨대 금 숲은 실체적 가치보다는 희소성으로 오랜 세월 그 가치를 인정받고 있는데, 같은 논리로 비트코인의 가치도 인정할 수 있다는 것이다. 어쨌든 비트코인은 극심한 변동성으로 투기자산으로서의 매력을 갖고 있다. 그리고 그 매력은 작금의 저금리 국면에서 점점 더 주목을 받고 있다. 만기에 찾은 정기예금의 허무한 이자금액으로 인해 사람들은 보다 높은 수익 가능성에 눈길을 줄 수 있기 때문이다. 그리고 들려오는 일부의 성공 사례는 투자자를 확률에 대한 고심보다는 대박의 꿈으로 이끈다.

셋째, 결제시스템 측면에서는 양면성을 가지고 있다. 거래 비용이 들지 않기 때문에 기술적으로 가상화폐는 매우 효율적인 결제수단인 반면, 분산된 결제라는 특성으로 금융감독당국의 관리에서 벗어난다는 문제가 있다. 즉 소비자의 니즈와 규제가 맞서는 이슈이다.

제이피모건의 제이미 다이먼 회장은 투자자산으로서의 가상화폐의 문제점을 들어 사기라고 말했지만, 결제수단으로서의 장점을 무시할 수 없기에 자신의 발언을 번복했다. 조지 소로스 역시 가상화폐의 실체적 가치 부재를 비판했지만, 변동성이 주는 투자의 매력(또는 금과 유사한 희소성) 때문에 결국 소로스 펀드는 가상화폐 투자를 검토했다. 2018년 법무부 장관과 금융감독원장의 서로 다른 목소리도 가상화폐의 다른 측면(실체적 가치부재, 결제수단·기술적 혁신성)을 이야기한 것이다.

그렇다면 이러한 상황에서 앞으로 가상화폐가 가져올 미래는 어떻게 될까?

비트코인의 미래는?

가상화폐의 대표주자 비트코인bitcoin은 가상화폐 투자를 활성화시킨 주역이다. 사실상 일반인들에게 비트코인은 투자대상으로서의 의미로 각인되어 있다. 그러나 사람들은 리브라의 등장으로 실체적 가치가 있는 가상화폐의 존재를 알게 되었다. 만약 페이스북이 계획한 대로 리브라가 세상에 등장한다면(또는 리브라와 유사한 자산담보부 가상화폐가 나온다면) 비트코인의 가치에 대해 사람들은 다시 생각하게 될 것이다.

물론 비트코인과 리브라는 그 성격이 근본적으로 다르다고 말하는 사람이 있다. 즉 리브라는 국제적인 결제시스템에 의미를 둔 것이고, 비트코인은 희소가치가 있는 자산이라는 점에 의미가 있다는 것이다. 비트코인이 금처럼 희소가치를 인정받을지, 아니면 나카모토 사토시中本哲史가 개발한 복잡한 수식에 머물지는 시간이 지나면 알 수 있을 것이다.

다만 한 가지 분명한 것은 비트코인이 금처럼 가치를 인정받고 생존하기 위해서는 오래전부터 금이 수행했던 역할인 국제적인 결제수단으로 활용할 수 있는 기술적 우수성과 케이스를 보여 주어야 한다는 점이다. 즉 비트코인이 결제 수단으로 보편화되는 가능성을 보여 주지 못한다면 미래는 불투명하다.

2020년 코로나 바이러스 사태로 인하여 전 세계 금융 시장이 혼란에 빠지면서 소위 안전자산으로 투자자들의 관심이 몰렸다. 이러한 상황은 비트코인에 대한 시장의 인식을 테스트해 볼 수 있는 좋은 기회였다. 하지만 비트코인은 가격이 폭락하면서 안전자산으로서의 테스트에서 일단 불안정한 모습을 보였다(코로나 사태의 심각성이 커지지 시작한 2020년 2월과 3월 두 달 동안 비트코인 가격은 약 30% 하락하고 금 가격은 약 2% 상승하였다—Bloomberg, Informax 데이터 참조).

결제시스템의 미래는?

금융 비즈니스에서 가상화폐의 가장 중요한 의미는 결제시스템이다. 효율적인 결제시스템은 거래 비용을 감축하는 것인데, 가상화폐 기술을 활용하여 거래비용을 낮춘 결제시스템을 만들 수 있다. 따라서 여러 종의 가상화폐 중 결제수단에 적합한 가상화폐가 본질적 가치 논쟁과 무관하게 번성할 수 있을 것이다.

그러나 거래비용이 낮아진다는 것은 금융기관의 수익이 줄어든다는 뜻이다. 따라서 금융기관들은 미래의 결제시스템에 하루빨리 적응할 것인지, 아니면 기존의 체제를 고수할 것인지 선택의 기로에 서게 되겠지만 의지와 상관없이 금융기관의 중개기능은 가상화폐를 이용한 결제시스템에 대폭 잠식당할 것이다.

기존의 결제시스템에서 금융기관이 할 수 있는 일은 비용을 절감하는 것뿐이다. 따라서 금융산업의 고용 사정은 나빠질 수밖에 없다. 금융인에게 가장 무서운 것은 블록체인 기술을 바탕으로 개인 고객이 중앙은행과 직접 거래할 수 있다는 가설이다. 이것이 결제시스템의 궁극적 미래가 된다면 금융업은 역사 속으로 사라지는 신세가 될지도 모른다.

금융인에게 불편한 전자화폐거래

만약 사람들이 전자화폐를 이용한 예금을 중앙은행에 직접 예치할 수 있다면 그들은 중간에 서 있는 자middle men, 즉 소매은행retail bank을 통할 필요가 없어질 것이다.

출처: Yuan Yang and Hudson Lockett, *"What is China's digital currency plan?"*,
Financial Times (2019.11.25).

외환시장Foreign Exchange Market의 미래는?

가상화폐가 가져올 금융의 미래를 극단적으로 보여 준 것이 리브라 프로젝트이다. 리브라의 세상은 국가 간 거래에서 통화의 교환이 불필요한 세상이다. 즉 현존하는 외환시장은 존재할 필요가 없어진다.

그러나 그런 일은 상당기간 일어나지 않을 것이다. 달러 중심의 국제금융질서를 미국이 포기할 이유가 없기 때문이다. 리브라 프로젝트에 대해 거의 모든 미국의 위정자들이 맹비난을 퍼붓는 이유가 바로 이것이다(물론 표면적으로는 금융질서의 혼란을 이유로 내세운다).

모든 시장은 효율성을 추구하며 움직이지만 어느 순간부터는 힘의 논리가 작동한다. 국제금융시장에서의 기축통화국의 힘, 국가 금융시스템에서의 각국 금융당국의 힘은 가상화폐의 효율성을 압도할 것이다.

따라서 가상화폐가 국제금융시장에서 기축통화의 역할을 하는 상황은 상당기간 일어나지 않고, 결제의 효율성을 높이는 기술적 수단으로 쓰이는 데 그칠 것이다. 따라서 이 세상의 외환딜러들은 가상화폐로 인해 실업자가 될 것이라고 낙담할 필요는 없다. 그러나 그들이 자신의 자녀를 외환딜러로 키우고 싶은 생각은 심사숙고해야 할 것이다.

재미있는 것은 중국이 디지털화폐 개발에 매우 적극적이라는 점이다. 가상화폐에 대해 극도로 부정적인 중국이 왜 디지털화폐 개발에는 적극적일까? 일단 중국이 생각하는 디지털화폐는 위안화라는 법정통화가 뒷받침된다는 점에서 일반적 가상화폐와 다르다. 즉 중국은 위안화를 기반으로 한 결제시스템의 기술적 기반을 디지털로 구현하고자 하는 것이다. 그리고 이러한 움직임의 배후에는 달러가 장악하고 있는 국제결제시스템을 디지털이라는 무기로 잠식하여 그 주도권을 빼앗고자 하는 중국의 전략이 도사리고 있다.

중국의 디지털화폐 계획은 무엇인가?

중국은 중앙은행 내 한 팀의 5년간 연구 끝에 세계 최초로 디지털화폐를 사용하는 국가가 되려고 한다 …(중략)

인민은행 총재 이양은 이 계획은 비트코인이나 리브라 프로젝트처럼 새로운 화폐를 창조하는 것은 아니고, 중국의 기존 화폐 구조monetary base 또는 유통현금을 부분적으로 디지털화 하는 것이라고 말했다 …(중략)

소매은행과 핀테크 업체들이 고객예금을 기존 방식으로 계속 관리할 수 있을 것이다. 그러나 새로운 디지털화폐는 기존의 결제시스템을 통하는 것보다 더 깔끔한 방식으로 은행들이 상호결제할 수 있는 방식을 제공할 것이다. …(중략)

아마도 중앙은행은 오직 중앙은행만이 모든 거래를 보고 거래기록을 변경할 수 있게 하기 위해서 (거래) 데이터베이스를 통제하는 것을 선호할 것이다. 그래서 혹자들은 이것을 블록체인의 개인적private이면서도 허가받은 permissioned 형태라고 지칭할 것이다 …(중략)

최근 저커버그는 미국 하원에게 만약 리브라 프로젝트가 좌절된다면 그로 인해 금융 혁신과 글로벌 영향력에서의 미국의 역할을 중국이 가져가게 될 것이라고 경고하였다.

출처: Yuan Yang and Hudson Lockett, *"What is China's digital currency plan?"*,
Financial Times (2019.11.25).

＊ ＊ ＊

중국의 경우처럼 한 국가의 중앙은행이 법정통화를 기반으로 하여 만든 디지털화폐는 중앙은행디지털화폐, CBDCCentral Bank Digital Currency 라고 지칭한다. 비트코인이나 리브라처럼 민간이 개발한 디지털화폐와 대비되는 개념이라 할 수 있다. 그러나 중국 이외에도 상당수 주요국 중앙은행은 CBDC 도입에 열을 올리고 있다.

한국은행도 예외는 아니다(한은은 "지난 달 CBDC 연구추진 계획 중 1단계 목표인 CBDC 기반업무를 완료했다"며 이를 바탕으로 2단계 목표인 CBDC 업무 프로세스 분석 및 외부 컨설팅을 추진한다고 발표하였다—출처: 조선비즈 2020.8.30). 사실 불과 2~3년 전만 해도 필자가 개인적으로 만나

주요국의 CBDC 대응 현황

거액결제용	시범사업 실시	캐나다, 싱가포르, EU, 일본
	시범사업 예정	프랑스, 스위스
소액결제용	시범 운영	우루과이, 바하마, 캄보디아, 에콰도르
	시범 운영 예정	중국, 터키, 스웨덴
	발행 가능 검토	EU

출처: 서울경제(2020.3.30)

본 금융당국자들은 디지털화폐에 대해 고민만 깊은 상황이었다. 보수적인 금융당국자들 입장에서 디지털 세상을 국가의 금융 시스템에 수용하는 것이 쉬운 일이 아니기 때문이다. 그러나 상황은 급변하고 있다. 중앙은행들이 왜 이렇게 CBDC 개발에 공을 들이는 것일까?

우선 전 세계가 처한 코로나 팬데믹으로 인해 소위 언택트Untact거래의 중요성이 급부상하면서 디지털화폐의 검토는 불가피하게 되었기 때문이다. 또한 보다 근본적으로는 비트코인, 리브라 등 사적 디지털화폐의 부상浮上으로 이러한 것들이 극단적으로 성장하여 사회의 주요 인프라로 자리 잡는다면 국가의 통화정책을 교란시키는 요인이 될 수 있다는 위기감이 커지고 있기 때문이다.

이처럼 각국의 중앙은행은 변화하는 환경에 적응하기 위해 디지털 세상을 받아들여야 하는 운명에 처한 것이다.

그렇다면 각국의 중앙은행은 무조건 서둘러 CBDC를 도입해야 하는가? 디지털화폐를 공적 시스템으로 수용하는 과정에서는 중대한 이슈들이 고려되어야 한다.

첫째는 개인정보보호에 대한 문제이다. 디지털 데이터를 기반으로 중앙은행이 모든 거래 기록을 갖게 되면 국가는 개인을 완벽하게 통제할 수 있다. 중국이 디지털화폐에 선도적으로 공을 들이는 것에 대한 우려의 시각은 구체적인 사례라 할 수 있다. 국가별로 이 문제에 대한 사회적 합의가 원활치 않다면 CBDC의 도입은 상당한 저항에 부딪칠 것이다.

둘째, 기존의 사적 결제시스템과의 관계 설정 문제이다. 사실 사적 결제시스템(네이버페이, 카카오페이, 구글페이 등)의 수익성 원천은 Scalability(규모의 강점)에서 나오는 독점적 지위이다. 편의성을 기반으로 사용자를 다수 확보한 후 사용자들이 이탈하기 힘든 상황이 되면 독점적 지위를 극대화시키는 것이 사적 결제시스템이 가는 길이다. 그런데 가장 독점적인 공적 시스템이 등장하여 공적 서비스를 제공할 경우, 기존 사업자의 존재는 어떻게 될 것인가?

이러한 문제에 대해 공적, 사적 시스템이 서로 역할을 분담하여 조화를 이루어야 한다는 의견이 있다.

중앙은행과 결제의 새로운 세계

(전략) 이러한 맥락에서 중앙은행은 기저 인프라Underlying Infrastructure의 운영자로서 중심 역할을 할 수 있다. 마치 구역 내 시장을 운영하는 지방자치단체처럼. 중앙은행은 자신의 결제 계좌에 접근할 수 있는 공공의 공간을 제공한다. 따라서 중앙은행의 장부帳簿는 결제서비스 제공자들이 모두가 접속할 수 있는 공공의 공간이다.

출처: "Central Banks and the new world of payment" speech by Hyun Song Shin,
BIS's Annual General Meeting(2020.6.30)

에필로그 ——— 다시 원점으로

금융이란 무엇인가? 금융인들은 전문성을 가진 사람들인가? 금융이 진정한 사회적 가치를 창출하는가?

30여 년의 금융인 생활을 돌아보면서 필자는 스스로에게 근본적인 질문을 해 본다. 금융의 가치를 논리적으로 입증하는 것은 상당한 설명이 필요할 것이다. 그러나 잘못된 금융이 초래하는 커다란 위험을 생각할 때 금융의 가치는 매우 명확하다. 제1차 세계대전 후 금본위제 복귀를 추진했던 영국의 금융 엘리트들은 이후 무너지는 영국 경제를 고통스럽게 목격해야 했다. 미국 금융당국이 주택담보대출에 대한 상식적인 규제를 시행했다면 2008년 글로벌 금융위기는 오지 않을 수도 있었다. 또한 금융회사의 잘못된 의사결정은 일개 기관의 운명뿐 아니라 전체 시스템을 불안정하게 만들기도 한다. 금융의 잘못된 판단으로 초래된 많은 사례들은 역설적으로 금융의 가치를 입증하고 있다.

금융이 제 역할을 하지 못하는 상황은 예나 지금이나 인간의 탐욕과 변화하는 금융환경 때문에 발생한다. 탐욕은 통제하기 힘든 인간 본성이라고 본다면 변화하는 환경에 적절하게 대응하는 것이 금융의 중요한 과제이다. 따라서 금융은 과거의 경험을 기반으로 변화에 대응하며 성장해야 한다.

지금 글로벌 금융의 최상위 결정권을 가진 미 연준은 수많은 뱅크런과 은행 지배구조의 일탈 등 잔인한 시간을 경험한 후 1913년 탄생하였다. 이후 연준시스템 내의 갈등과 금본위제를 추구하는 영국과의 공조는 금리 정책에 혼란을 초래하였다. 금융당국이 과열된 주식시장에 혼란만을 가중시켰고 그 결과 1929년 주식시장이 폭락하면서 대공황의 서막이 오르게 되었다. 미국은 새로운 환경에 적응하지 못하여 엄청난 고통을 겪었고 그 고통은 경험으로 남았다. 한국 금융 역시 많은 잔인한 시간을 겪으며 오늘에 이르렀다. 연륜의 차이는 있지만 미국이나 한국이나 경험을 통해 새로운 환경에 적응하며 진화하는 것은 마찬가지이다. 국제금융의 주변국인 한국이 태생적 열등감을 극복할 수도 있을 것 같은 느낌이 드는 대목이다.

앞으로 금융 환경은 더욱 빠르게 변화할 것이고, 새로운 금융 환경 앞에 놓인 금융인들은 고심하며 판단하여 크고 작은 딜던Deal Done을 외쳐야 한다. 이때 과거의 경험을 바탕으로 현명하게 변화에 대처한다면 한국 금융의 진정한 가치를 확인할 수 있을 것이다.

찾아보기

【로마자】

딜던
DEAL DONE
금융위기 앞에 선 뱅커

1판 1쇄 펴낸날 2020년 9월 21일

지은이 ┃ 강창훈
펴낸이 ┃ 김시연

펴낸곳 ┃ (주)일조각
등록 ┃ 1953년 9월 3일 제300-1953-1호(구 : 제1-298호)
주소 ┃ 03176 서울시 종로구 경희궁길 39
전화 ┃ 02-734-3545 / 02-733-8811(편집부)
02-733-5430 / 02-733-5431(영업부)
팩스 ┃ 02-735-9994(편집부) / 02-738-5857(영업부)
이메일 ┃ ilchokak@hanmail.net
홈페이지 ┃ www.ilchokak.co.kr

ISBN 978-89-337-0777-7 03320

값 18,000원

* 지은이와 협의하여 인지를 생략합니다.

* 이 도서의 국립중앙도서관 출판예정도서목록(CIP)은 서지정보유통지원시스템 홈페이지(http://seoji.nl.go.kr)와
국가자료종합목록 구축시스템(http://kolis-net.nl.go.kr)에서 이용하실 수 있습니다.
(CIP제어번호: CIP2020038057)